国語教育の遺産と創造

野地潤家

溪水社

はじめに

本書は、一九六八（昭和四三）年小学館発行『教育学全集5　言語と思考』中の「国語教育の遺産」と、一九八二（昭和五七）年国土社発行の国土新書68『国語教育の創造』を合わせたものである。今日ともに絶版となっていることから、新たに求めようとされる方への便を考慮して、互いに関連のある二著を一冊にした。

一書にまとめるに当たって、国土社ならびに小学館双方から快く承諾をいただいたことを記して感謝申し上げる。

本書がこころある方々の手に触れて国語教育創造の一助になることを念じている。

二〇一三年七月

野地潤家

目次

二　国語教育の遺産

一　国語教育の創造

まえがき

わたくしが国語教育実践者になろうと心にきめて歩みを起こしたのは、一九四〇年代の初めであったから、すでに多くの歳月を経てしまった。国語教育への道を選んだことには、よろこびこそあれ悔いはない。しかし、みずからの国語教育・国語科教育を、どのようにして求め、育てていくかについては、苦しみ迷うことが多かった。昭和二四（一九四九）年、戦後の教育改革によって新制大学が発足し、国語科教育を担当し、国語教育学構築への道を歩むようになっても、国語教育研究者としての足場を固め、見通しをつけることは容易ではなく、苦悩し模索する日々がつづいた。

国語教育実践者・国語教育研究者として、みずからの国語教育を求めていく途上で出会った方々は数多く、深く大きい学恩をこうむった。学生時代からご著書を通じて学ぶことの多かった西尾実先生・古田拡先生・石森延男先生、さらに戦後いちはやくめざましい活動を始められた倉澤栄吉先生のそれぞれの業績は、まことに多彩であって、独自の世界が構築されている。これらの大先達の先生方は、その国語教育研究において、なにをどのように求めようとされ、どういう成果を挙げられたのか。そのことを跡づけつつ、みずから進むべき国語教育への道を求めて成ったのが本書所収の四つの論考（Ⅱ～Ⅴ）である。

名づけて〝国語教育の創造〟という。先達の求められた国語教育の実践・研究の世界に参入しつつまとめた本書が、これからの国語教育の創造に役立つことを念じている。

国土社編集部の渡部金五郎氏には、出版に関して、格別のご高配をえた。記して、感謝の意を表する。

昭和五十七年七月

野地潤家

I　国語教育への視野と方法

実践も研究も、
究極はその理想を自律と創造におく。
みずからの国語教育に、
どのようにして自律と創造を具現していくか。
それはまた、
どのようにして国語教育への視野を確保し、
どのようにして方法をわがものとしていくか、
という問題にかかっている。

国語教育を求める道に旅立ち、歩みを起こしてから、もう四一星霜を経てしまった。ふりかえって、遅々たる歩みながら一筋の道だったと思いつつも、その細く痩せていることを心にかけないではいられない。
長い年月、ひたむきに国語教育を求めてきたとはいえ、多くはつまずきながらの手さぐりの行程であった。歩みつつ、その時々の課題に夢中になって取り組んでいるうちに歳月は過ぎてしまった、国語教育の実践と研究について、どれだけのことを的確にとらえ、積み重ねえたかをみずからに問うと、どれほどのこともなしえていないことに、改めて思いあたり、国語教育の実践・研究を確かにし本格的になしとげていくことのむずかしさにつきあたってしまう。

国語教育について、知識・情報がふえ、かなりの量に達しても、それらはついつい横に広がっていくばかりで、国語教育の実践者・研究者としてのわが身にとって、ほんとうの力にはなっていないこともしばしばである。求心的な探究、主体的な省察にならず、空虚さ・非力さに苦しまずにはいられない。国語教育へのみずからの道を歩み、みずからの世界を構築していくことのむずかしさがきびしく迫ってくるのである。

国語教育の求めかたは、画一的ではなく、多様であり、そこにはみずからくふうし、選びとって、みのりの多いものにしていく道があるばかりである。しかし、みずから求め願っているほどには、深まらない。深まらぬなげきを抱きつつ、さらにすこしでも深まっていこうとする願いを持ちつづけて、みずからの実践・研究の道を歩みつづけようとする。

ここに書きつけるのは、国語教育への道を迷いつつ歩んできた、一人の旅人のささやかな覚え書きである。

一　国語教育への視野

わたくしは、かつて、国語教育の求めかたについて、ふだん考えてきたこと、あるいはみずから試み求めてきたことを、次のように記した。

1 〈自己の実践を育てていくにあたって、いつしらず規範となっているものがあるのは自然である。自己の規範と仰ぐものから、多くのヒントや着想を得、また規範に接して、一つのいきかたを啓発されるということは多い。

規範に接し、典型に触れ、そこから多くのものを摂取していくことは、実践の場についてからも、ぜひ心がけたいことである。しかしながら、そうした規範・典型は、いつも身近に見いだせるとはかぎらない。そこから、いつとなしに形式主義が心中に巣くうようになる。自己の実践を、この無気力な形式主義にゆだねると、その泥沼から脱出することは容易ではない。

実践も研究も、究極はその理想を自律・創造におくことができよう。その自律・創造へゆきつくまでに、つぶさに困難を経験し、苦しみつつ、規範・典型に接して停滞をゆさぶられつつ、すこしずつ前進していくのである。

単元の扱いかた、指導計画のたてかた、学習指導の展開のしかた、学習者の評価のしかた、これらについて、戦後多くのすぐれた実践事例に接してきた。そこから吸収することによって、各自の実践を育ててきた。その一つ一つが実践による創造であって、わが国の国語教育は、こうした創造を規範とし典型としつつ、多数の思い思いの実践を生んできたといえる。国語教育の実践の歴史は、規範・典型への道程であり、そこへ至ろうとする苦悩そのものの集積とも考えられる。この苦悩の過程から芽ばえてくる自律・創造への種子を、どの実践者もたいせつにしていかなくてはならない。〉(小著「国語教育原論」、昭和48年2月10日、共文社刊、二〇三～二〇四ページ)

2 〈実践を通じて、こまかいこと・小さいことへの一つ一つの開眼をたいせつにしつつ、国語教育の全体を見通すように、大きい視野を得ていくこと、基本的なことをしっかりとつかんでいくこと――国語教育開眼というのは、どうしてもこれらのことが必要となる。

現下、幼・小・中・高・大を通ずる一貫の体系樹立が緊要な問題となってきている。全体視野を確保するのに、欠くことのできない問題である。国語教育への視野を確かにするのに、その問題はいつも相互にまじめに考えあわされなくてはならない。

国語教育の歴史研究も、今日しだいにさかんであるといってよい。国語教育の基本・根本を的確にとらえていくのに、先人たちの刻苦を歴史研究に見るのは、なにより役に立つ。分化して複雑な様相を見せる国語教育の各領野ではあるが、その複雑さに埋没していくのではなく、自己の足どりを力強いものにしていくのには、どうしても複雑さの中に基本、分化の枝葉ではない根本のところをとらえて、自己の国語教育を育てていかなくてはならない。国語教育の全体を、根本をという志向は、国語教育の開眼へと至る基本態度である。〉（同上書、二〇四～二〇五ページ）

3〈自己の受けもっている学級の児童ひとりひとりに国語学力がほんとうに確かに身についているか。論議などのかげにかくれて、児童の学力が伸び悩んでいるということはないか。毎時間あれこれ悩みはあるにしても、確信をもって国語教育に臨み、胸中ひそかに期するところがあるか。

実践者に即して、国語教育研究のありかたを求めると、これらの問題を考えることに帰りつく。国語教育研究のさまざまな動向も、その核心はこれらの問題に見いだされる。核心をつかんで、流れを見るなら、流れにおされてしまうことなく、その流れの中から、自己の実践に値うちのあるものをとりえてくることもできよう。

自己の実践（実地の授業そのもの）に自信をもつこと、自信をとりもどすこと――このことが現場での国語教育研究の根本である。それは一個の実践主体として、謙虚に内省を積み、着実に成熟していくことである。

自己の実地授業に自負をもちうるまでに、精進し、くふうし、独創を生みだしていく熱情をもちつづけているか。不安定なままで、自信がもてないという状態がつづいているのではないか。自己の国語の時間をたいせつにして、そこでの実地のことに自信をもつように努めていく。どのような国語教育研究も、この基盤をはずしては成り立たない。足下のことを凝視しないで、生きた問題はとらえられない。実践・研究の発展もない。

国語教育研究の根本としての、国語教育実践への自信は、実践そのものから得られなくてはならない。同時に、実践を支える視野と実践を深める思考とを要する。〉（同上書、二〇九～二一〇ページ）

4〈みずから国語科教育の実践者として、国語科授業を構築しようとして、不安に揺れ確信を抱持しえないのは、国語科教育（幼・小・中・高）への視野が確保されていないことにもとづくことが多い。みずからの国語科授業を、国語科教育のどこに位置づけ、前後の関連をどのように見いだし、授業内容の範囲と程度と種類をどう見定めていけばいいのか、これらの問題に迷うことが多いのである。国語科教育への視野とは、つまりは国語科教育課程（国語科のありかた）への見とおしがあるかどうかを問題にしているのである。国語科教育全体への通時的共時的視野がしっかり保たれていないと、精確な国語科授業過程を構想し展開させることはできない。国語科授業過程への微視的な視野とともに、国語科教育課程そのものへの巨視的視野の確保がぜひとも必要なのである。

国語科教育課程への視野は、歴史的に比較国語教育的に確保され、さらに現実態に向けられなくてはならない。すなわち、国語科教育の歴史研究・比較研究・実態（調査）研究に積極的に学ぶところがなくてはならない。そのためには、そういう視野を確保しうるだけの研究情報を獲得していくよう努めなければならない。

わが国語科教育は、明治期・大正期・昭和期（戦前・戦後）と大いに生成・発展をとげたとはいえ、体質はなお弱く、その真の充実は、今後に期していかなくてはならない。わが近代国語科教育の実践面・理論面の脆弱さに目をつぶることなく、冷静にその長短を見きわめていくことがだいじである。

〝国語科授業力〟を習得し修練していくために、国語科教育課程を巨視的にとらえておくことは、もとより必要である。さらにまた、国語科授業を精確で個性的なものにしいていく努力は、国語科教育課程そのものをゆたかにさせていくことにつながっている。

国語科教育課程の組織・創造⇅国語科授業過程の構築・展開（つまり、国語科授業の創造）に、研究者・実践者の有機的連携の必要が認められる。個別研究・共同研究を結集し、統合して、さらに成果あらしめねばならぬ。〉（小著「国語科授業論」、昭和51年6月1日、共文社刊、四〇～四一ページ）

5 〈授業研究の醍醐味はどこにあろうか。周到かつ意欲的な清新な授業に接しつつ、観察に集中し、その授業過程に即して、分析・分節を加えて、その授業を成り立たせている実践様式をとらえ、その実践の核心に触れて、その実践主体の態度と人柄と技術とに迫りいくとき、ひとしお深いよろこびをおぼえる。

それは一個の文学作品を、その核心においてつかみえたときのよろこびに似ている。ただちがうのは、目前の授業はたえず流動しているので、つねに緊張してとらえていかなくてはならないことである。また学習者の集団的個別的性格とその行動とを観察して、そこにあらわれる学習過程の諸反応をも見抜くことは、やさしくはない。そこには、観察・把握・省察のための、また解釈・批判のための修業と熟達とが要請されている。

授業把握のための根本視点は、その授業の成立を、1 教材、2 学習者、3 指導者の三極の作用からとらえ、さらにその授業の構造を、1 目的、2 目標、3 内容、4 方法、5 評価というひとまとまりのものとしてとらえていくことにあろう。とりわけ、その指導の目標を明確にとらえ、かつ鋭く判断することがたいせつである。目標の提示が羅列目標・形式目標から重点目標・実質目標へと焦点づけられ、自覚的に設定されていく傾向は、こんにちますます強い。

学習内容、学習・指導の方法についても、指導者はたえず「これでいいのか。」という不安にさらされてきた。既成固定化した観念的形式的方法に安住するか、でなければ手さぐりしつつ動揺するか。新奇を追うもろさ、あせりは、国語教育界にも見られる。どう自己確立をはかるか。実地の授業を通して、実践者がそれぞれ自己確立をは

かり、不動の国語教育を目ざして進む――そこに、授業研究のもっとも大きい目標がある。〉（同上書、五九～六〇ページ）

二　国語教育探究の根本

国語教育を求めるとは、学習者（児童・生徒）を対象として、全体として、グループとして、個別として、国語科の授業のありかたを求めていくことを意味する。それは授業者がみずからの授業力（授業構想力・授業展開力・授業評価力）を駆使して、国語科授業を構築し創造していくことである。

単元ごと、単位時間ごとに、国語科授業を構築し、創造していく仕事は、授業者自身納得がいき、学習者（児童・生徒）を満足させることで、最も望ましいものとなるが、現実にはなかなか充足したものとはなりにくい。授業者として、国語科授業への見通しを確かなものとし、その構築をゆるぎないものとし、その創造を個性的なものにしていくのは、容易なことではない。

国語科授業のありかたを求め、その授業力を自在なものとし、深めていくことを、国語教育の探究というなら、国語教育探究の根本は、授業者が自己自身への国語教育をどうしているかに見いだされる。つまり、授業者自身への国語教育のありかたが問われるのである。

話したり、書いたりする、表現力の面で、授業者として、どういう修練を積もうとしているのか。また、聞いたり、読んだりする、理解力の面で、授業者みずから、どういう修練を課しているのか。さらにまた、書写力・語彙力・文法力を、授業者として、どのように確かなものにしようとしているのか。ここには授業者自身の国語学習のありかたがたえず問われている。

授業者自身が経験し、かつ探索していく、表現・理解の行為を数多く重ねていくうち、ふと気づいたり、はっと悟ったりする、表現力・理解力に関する、学習上・指導上の自己発見がもたらすよろこびは大きい。暗中模索の状態から、みずからの表現・理解に関する言語行為について、大小さまざまな自己発見をするようになると、それだけ授業者自身の自信を深め、よろこびを大きくしていく。

それにしても、自己発見も、またそれにもとづく積み重ねも、不十分なまま、日々の忙しさに追われ、その日ぐらしに陥ってしまう、みじめさ、やりきれなさは、多くの人の経験するところである。深く読むこと、しっかり聞くこと、意欲的に書くこと、的確に話すこと、どれ一つを取りあげてみても、油断をすると、自信のないものになってしまう。国語教育の源泉としての指導者（授業者）みずからの言語生活・言語行為をゆたかで確かなものにしていくことは、生涯にわたるふだんの努力目標である。

三　話し手としての修練

人前で話し表わす力（話表力）をどう身につけ、国語科授業の展開に当たって、どのようにはたらかせていくかは、むずかしく重い問題である。そこでは、国語科担当者として、話表力の修練を、どのように進めようとしているか、また、進めてきたかが問われる。

かつて、旧制中学校に学んでいたころ、学級担任の先生（国語科担当でもあった）から、第二学期校内弁論大会に出場するようにと勧められ、どうしても自信を持ちえぬまま、ついに辞退してしまったという、にがい思い出がわたくしにはある。主張すべき、訴えるべきなかみをたくさん持っているであろうからと、提出した「暑中休暇日誌」をごらんになって、評価してくださった、せっかくの先生のご好意であったのに、わたくしはことわりをしてしまった。

爾来、四〇数年を経過し、人前で話をするという経験を昭和一八年（一九四三）初夏以来今日まで三六二八回（この中には、夢の中で話をさせられたのも五一数えてある）重ねてきた。もっともこの中には、国語科の授業で生徒たち・学生たち・児童たちに話したのは数えていない。一回一回の話表体験を記録し、それにみずからの省察を加え、聴き手の方たちの批評・感想をも受け入れて、すこしずつではあるが気をつけて話のありかたを求めるように努めているうち、人前で話をすることについて、みずからの発見・気づきをかなり得ることができるようになった。

みずからの話表（話法）体験に即して、そのありかたを考え心がまえを固め、方法上のくふうをすることができること――それが熟達というものの実態の一面であろうかと思われる。さまざまな話表（話法）体験を、講演・講話・あいさつ・訓示・スピーチ・提案など、いろいろな機会・形態を通じて、約三六〇〇回余り重ねていくうちに、みずから律していくことができるようになったのは、まったく自信のないところから出発して、あれこれと求めてきた者には思いがけないよろこびでもあった。

話すことの研究と教育に思いを潜めるようになって、わたくしは話しかた・話法の研究書・参考書を入手しうるかぎり求めて、読みかえしつつ、みずからの話表（話法）力の向上に資し、すぐれた話し手を典型として見いだし、その話しぶりに傾倒して、学びとろうとして、できるかぎりのくふうを惜しまなかったが、どこかに受動的な姿勢が残っていたのは否めない。話表（話法）体験を実地に重ねていくうち、そこからなにかを感得し、悟得していくことができるようになって、ひとりの話し手としての自主的な自律的な生きかたがすこしずつできるようになったのである。

もちろん、ある水準に達し、かなり自在に話すことができるようになったからといって、いつもきちんと話をまとめ、目的に合致するように成功させうるとはかぎらない。一回ごとに準備を周到にし、心がまえを整え、実施を細密に心して行わなければならない。

こうした、ささやかな体験に照らして、改めて考えさせられるのは、

1　目ざす領域ないし活動に思いをひそめ、年月をかけて求めつづけること

2　先行文献・実践事例、生きた典型からの摂取をふだんにつづけること

3　一回一回のみずからの体験・行為をだいじにし、精細な省察を重ねていくことである。

その日ぐらしに陥らず、一回ごとの実地体験・行為をだいじに積み重ねていくこと——その集積過程が話し手としての成長過程であり、また熟達を可能にしていく過程でもある。

四　読み手としての修練

自己の読む生活から、読みとり、読み味わって、これぞという、読むことによる収穫を重ね、貯えていくことは、大きいよろこびである。それはすぐれた、かけがえのない具体事例であることもあり、着想・発想・把握・創造への示唆と刺激を得ることでもある。

みずから読む生活を耕し、そこから収穫したものを活用して、教材の選択や教材の理解に役立てていくことは、国語科担当者としてたえず心がけておかなければならない。みずから読み深め、読みを尽くしていくべき対象（作家にせよ、作品にせよ）が選び設けられているにこしたことはない。長い年月をかけて、ある古典、ある近代作家の作品群が読み深められているとき、その読み深めを目ざしての継続と集積とは、読み手としての成長・深化をがっちりと支えていく。

読む生活から、泉から清水があふれ出るように多くのものが見いだされ、緊張した生産性の高い読みがつづけられ、積み重ねられるとき、読み手は自己の読む生活と読む力とにひそかに自信を抱くことができるようになる。そこには、おのずとみずからの読みかたが成り立ち、その読みかたによる読みの力がきたえられていく。

わたくし自身は、昭和三一年（一九五六）五月から現在まで、教室の卒業生を中心とした読書会に招かれて、満二六年間、夏目漱石の作品を読みつづけることができた。毎月一回、日曜日の午後、輪読をしていくのである。月一回、日曜日の半日をあてるとはいえ、ごくわずかな時間をさいて、漱石作品に取り組んで、二六年という歳月を重ねると、「三四郎」「それから」「門」「彼岸過迄」「行人」「道草」「心」「明暗」「坑夫」「虞美人草」「野分」「二百十日」「草枕」「坊ちゃん」「我輩は猫である」……を読むまでになった。

文字どおり、「継続は力なり」であって、どんなに忙しくても、読書会に出席して、漱石作品に集中する時間を確保することは、毎回読むごとに多くのものをもたらしてくれる。輪読討議のおしまいに、まとめの発言をすることは、つねにみずからの読みとり、読み深めを提示することにはかならず緊張裡になされるのがつねであった。満二六年以上もつづけられている輪読会に参加して、最も大きい恩恵に浴したのは、わたくしであった。

しかし、明けても暮れても、一つ作品に取り組み、徹底して読み抜くということは、むずかしい。いつか遠ざかったり、離れたりしてしまう。読み抜くことがだいじであり、基本であるとわかっていても、それを行じ抜くことは容易でない。

作品そのもの、教材そのものから離れ、徹底して読み抜くことから遠のいていると、いいようのない不安の念にとざされてしまう。みずからの読み抜く力、読み味わい、読み深める力が色あせ、低下してしまうのではないかというおそれの念におそわれるのである。

国語科教育・国語教育の歴史的研究、理論的研究、実践的研究、比較教育的研究に専念していても、国語科授業そのものに実地に取り組んでいるのでなければ、そのことと深くかかわる国語教材研究を進め国語科指導計画を立てるというのでなければ、真に落ち着くということにはなりにくい。

五　〝実践即研究〟

研究者として求める国語教育は、望ましい、あるべき国語教育であって、観念的になり、時として現実の地平からかなり飛躍したものとなりやすい。現前の国語教育に根ざし、それを着実に高め、伸ばしていくことに、まともに役立つように、提言することは至ってむずかしい。

授業者（実践者）として求める国語教育は、みずから描く、あるべき国語教育を目ざして営まれたものであっても、多くの制約と束縛を受け、思いどおりの実践とはなりにくい。時として、授業者自身のいきかたにとじこもり、視野が狭く、眼前のことにこだわって、独創性にあふれた授業創造にはなりにくい。

実践者として、研究者として、国語科教育・国語教育の実質を実践的に開拓し、構築していくことは、重く大きい仕事であって、至ってむずかしい。研究者として、国語科教育のありかたについて、発言し、提案しながら、それらが観念的地平における存在でしかなく、実地に強力に有効性を持ちえないとき、わたくしは非力感に沈んでしまう。

国語科教育・国語教育の当面する、実践的課題に対し、国語科担当者としてのありかたに言及し、基本問題に論及し、それ以上には具体的に方法的に迫ることができない。実践的課題に具体的に実質的に迫り、有効な提言・提案ができるようにと念じながら、その希求を満たすことができない。実践的課題の息づいている国語科教育の実地に密着し、そこに根づき、滲透しうる、役立つ寄与をしたいと努めながら、思うにまかせないのである。

国語科教育・国語教育における〝実践即研究〟を具現し、達成することは、容易ではない。一つの教材を取りあげての国語科授業の構築と展開、一つの単元を取りあげての国語科単元学習の展開、それらが準備され、計画と実施と評価を通して、ある実質を結晶させたものとして客観化される。そこに授業の実践による創造が期待される。その創造性には〝実践即研究〟を見いだすことができよう。

六　実践過程・実践様式の確立

文学教材や説明文教材を対象にして、教授＝学習過程（学習指導過程）を構築していくこと、さらにそれを理論的にも実践的にも仕上げていく仕事には、まともにうちこんで精力的になされることが多い。国語科授業の初めから終わりまでを、一定の分節された展開過程に組織し、試行をくりかえしつつ、その有効性を検証しつつ、いっそう有効なものへと検討を加え、積み上げげをしていくのである。

教授＝学習過程を、国語科授業の実践過程とし、実践様式とみるなら、授業者（指導者）一人一人は、自己の実践過程・実践様式を有し、そこに生きている。しかし一人一人の実践過程・実践様式は、思いのほかに形式化し、形骸化しやすい。みずからの国語科授業における実践過程・実践様式を通して〝実践即研究〟を成就させることが望まれる。

授業者（指導者）⇅国語科教材⇅国語科授業⇅学習者（児童・生徒）から成る、国語科授業過程の全体と部分を、よく見通しつつ、みずからの国語科教育の実践過程・実践様式を独自のものとして機能させるようにしていく。一人一人の授業者（指導者）がこのことに留意して、みずからの実践過程・実践様式を確立しようとして、全力を注いでいくことが望まれる。

一つの国語科教材を学習者（児童・生徒）に読ませることを実践課題として取りあげるなら、その読ませかた、指名のしかた、読ませるに当たっての指示のしかた、読ませた後の評価のしかたと扱いかたなど、周到に心をくばるべきことは少なくない。学習者に読ませるに先立ち、授業者（指導者）自身、どういう読みをしたかもまた問われる。国語科授業の実践過程の初めの部分（段階）によく見られる、初めの読みの扱いは、授業全体としては明らかに部分であるが、その扱いは授業者（指導者）自身の全力投球によって全うされる。そこでの部分はまた全体のありかたに切り離せないものとなってくる。

学習者に発表をさせたり、文章を書かせたり、解釈をさせたり、鑑賞をさせたりする、国語科教育の中核をなす学習活動については、学習者（児童・生徒）の発達段階をとらえ、その学力の実態をとらえることとともに、国語科教材の研究を精到なものとし、授業者（指導者）が全力を傾けていかなければならない。その一つ一つをどのようにして充実したものとして、目標を達成していくのか。それぞれの学習活動を学習者のために有効に組織しうるばかりでなく、国語学力そのものをとらえ、見まもるようにして、国語科授業を真に生きたものとしなければならない。

七　国語科教育・国語教育の自己確立

国語科教材の精選、指導目標（指導事項）の措定、指導方法のくふう、国語学力の把握、個別指導のくふう、学習者（児童・生徒）の学習記録の作成――これらのうち、どれを取りあげてみても、本格的に取り組んで、わがものとし、さらに新しいものが生みだせるようにしなければならないものばかりである。

国語科教育・国語教育全体への視野を確保しながら、一つ一つの実践的課題に対して、授業者（指導者）みずからの国語教育研究の思考力を発揮して、課題解決をはかっていくようにする、〝実践即研究〟への足場としては、授業者（指導者）みずからにたえず国語教育そのものへの思考がはたらいていなければならない。

国語教育そのものへの思考、あるいは国語科教育そのものへの思考は、これを国語教育学・国語科教育学と呼んでもよい。国語教育・国語科教育についての探究の成果が一つの体系に統合されつつ、個々の基本的課題、実践的課題に対しても、適切に働きかけていくのである。

国語科教育学・国語教育学は、国語科教育・国語教育の自己確立を目ざすものである。それだけ、国語科教育・国語教育の実践と離れていてはならない。

国語科教育学・国語教育学にかかわる学徒として、たえず国語科教育・国語教育の実践そのものから離れず、その深化と前進とに直接役立ちたいと念じつつ、なおそのねがいはなかなか充たされない。そのもどかしさと力のなさを改めて感じないではいられない。

個々の実践的課題に取り組んで、その解明を期し、日々の国語科授業にうちこみつつ、国語科授業の実践過程を通して、国語科教育・国語教育全体のありかたを探究していくようにする。国語科教育研究・国語教育研究への体制と足場を固め、国語科教育学・国語教育学を構築していくようにする。〝実践即研究は〟ここにも見いだされる。

八　実践者・研究者としての道程

ゆきずりのあいさつ一つ、会釈のしかた一つ、会議（話しあい）での発言のしかた、報告のしかた、声の使いかた、間《ま》のとりかた――それぞれはまた、国語科学習、国語学習に負うところがあり、それらの成果であるともいえる。

書くことについても、読むことに関しても、聞くことについても、同じように国語科学習や国語学習の成果と関連づけていくことができる。

学校において、家庭において、また社会において、それぞれ営まれる国語科教育や国語教育が、一国の教育全体の中で、一国の文化全体の中で、どういう位置を占め、役割を果たしつつあるか。眼前の実践営為に全力を傾注しつつ、さらにいっそう大きく広く深く鋭く国語科教育・国語教育のありかたを求めていかなければばらない。そこには研究者の果たしていくべき仕事が見いだされる。

一つ一つの実践的課題にこたえうると当時に、国語科教育・国語教育の全体をも対象として、そのありかたを求め、巨視微視両面からとり立てていくようにすること——こうした国語科教育研究・国語教育研究を、幼児期・児童期・青年期・成年期を通して、統合的体系的に進めていくことは容易でない。容易ではないが、時代・社会の進展にあわせて、国語科教育・国語教育をいっそう堅実でゆるぎないものにしていくには、個々の実践・研究をたゆみなく積み上げていかなければならない。

これからも、実践者・研究者として、国語科教育・国語教育への道を、さらには、その学的研究への道を歩みつつ、その道程をいっそう深くゆたかなものにしていきたい。迷うこと、苦しむことの多い道ではあるが、たゆまず歩みつづけたい。

Ⅱ　国語教育理論の成立と発展
――西尾実先生の実践・研究・創造

西尾実博士の国語教育理論は、
国語教育・国語科教育のほぼ全領域にわたって、
雄大で精深な体系をなしている。
その成立・発展・形成の過程を跡づけ、
西尾理論の国語教育学としての
成果を明らかにしようとした。

一　西尾理論の成立過程――その出発点

西尾実先生は、明治三九年（一九〇六）四月、長野県師範学校に入学され、明治四三年（一九一〇）三月、卒業された。時に満二一歳であった。

西尾実先生は、師範学校在学中の国語学習を回想して、次のように述べておられる。

〈国語は有名な松本旧藩士の国学者、浅井洌先生であったが、そして、わたしの先輩坂井衡平君や島木赤彦や太田水穂などしきりに尊敬していたけれども、師範学校に入学したばかりのわたくしには一向ありがたくない先生だった。先生の時間といえば訓詁注釈一点張りで、文学に対する興味などカケラほども感じられなかった。擬古文のような文語文の作文を書かされることも、いやでいやでたまらなかった。先生の時間だけは、ほかの考えごとをしていなくては我慢しきれなかった。したがって、先生の温顔にひらめき、相手の心を射抜くようなまなざしを向けられたことも一、二度ではなかったかと思われる。四年の時、立川伊三郎先生が赴任され、古典など朗々と読み上げられ、注釈学習のほかにそういう朗読によってその作品を直観させようとする学習法は、わたしたちに対する救いであった。わたしの国語も、やっと、今まで乙だったそれが甲になり、担任の宝月先生から、どの学科も円に一を引いておいて、上から下までまっすぐに一本の棒で貫いた成績表を渡されたことにも結びついている。したがって、わたしが国語の教師になったり、国文学の一学徒になったりすることは、わたしの師範在学時代からは予想されないことであった。〉（『西尾実国語教育全集』第一〇巻、五七〜五八ページ）

ここには、明治後期の国語科教育に対して、学習者としての西尾実先生がどういう体験をし、どういう態度をとったかが述べられている。当時、訓詁注釈一点張りの教授・学習になじむことができず、強く反発しているところに、後年の西尾実先生の国語教育論の胚胎の源を見いだすことができる。

師範学校を卒業した西尾実先生は、長野県下伊那郡飯田尋常高等小学校に訓導として赴任し、女子部高等科一、二年生を担任することになり、修身・読み方・綴り方・地理・理科などを受け持った。そのころの「読み方」・「綴り方」の授業ぶりについては、次のように回想されている。

〈読方では、教科書だけでは満足できなかったので、『藤村詩集』・『千曲川のスケッチ』や蘆花の『自然と人生』などから、適当なというよりも好きな文章を選んで、謄写して補助教材に用い、時には、鷗外が月刊雑誌にのせた、『エルリング』だの『生田川』だのという小説や劇を読んで聞かせたりした。そうすると、読方の時間だけでは足りないので、修身の時間を利用したりした。すると、主席訓導に呼びつけられて、修身書はどうしているか、とたずねられたので、学期末にそのまとめとして読本のように使用しますと答えたこともあります。〉（同上書、一〇九ページ）

〈また、綴方の時間に、こういう教材を読ませたり、松川の河原につれて行ったりして、読後感や写生文を書かせたりしました。そうすると、綴方の時間よりも家庭で書いてもってくる場合の方が多くなりましたので、これも主席訓導に注意されました。〉（同上書、一一〇ページ）

こうした独自の試みについて、西尾実先生は、みずから次のようにまとめておられる。

〈こういう読方や綴方のやりかたは、わたしが受けてきた、読方教育の訓詁注釈主義とも呼ばれる語学的読方教授に対する不満と、模範文をじょうずに模倣することが綴方の主眼であるかのように考えて、模範文を筆写させたり、または作文帳を作って自作文を清書させたりするような、これまでの綴方教育に対する反抗とが、このような自由主義・自発主義・主体的真実主義ともいうべき傾向の綴方教育に先駆することになったもののようです。

このようにして、わたしは、あらゆる教科の中で、国語教育こそ本当の人間教育であるという、わたしの教育活動の真髄を見出すとともに、綴方すなわち作文は、人間の主体的真実の表現教科として、他のあらゆる教科が知識や技術の受容教科であるとの相対する教科として、きわめて重要な教科であることを自得させられました。

これらは、わたしが教室の人となった第一年度（引用者注、明治四三年〈一九一〇〉）に当面した問題であり、また、それとの取り組みから見出されてきた、わたしの国語教育の出発点でありました。〉（同上書、一一一ページ）

みずから述べられたとおり、ここに西尾実先生の国語教育への出発点が見いだされる。意欲にあふれた、清新な出発である。西尾理論は、この出発点において見いだされた、国語教育のありかたを、実践・研究の両面から、常に掘り下げ、たえず体系化しようと努められた、その結実であるといってよい。

やがて、西尾実先生は、明治四五年〈大正元年〉（一九一二）一〇月、東京帝国大学文学科選科（国文学専攻）に入学され、大正四年（一九一五）七月、同課程を修了された。時に、満二六歳、卒業論文として、「国学における復古精神の発達」（二〇〇枚）をまとめられた。

この卒業論文については、みずから、「本居宣長を中心とした研究で、その後のわたしの古典研究の基礎となり、出発点となった考察」（同上書、一三二ページ）とされ、「その後の研究を方向づけ、推進してくれた原動力となったもの」（同上書、一三二〜一三三ページ）とされている。

卒業論文から発展せしめられた国文学研究については、次のように述べられている。

〈わたしの文学研究は、この卒業論文を出発点として、宣長が帰納的、客観的に見出しているわれわれの生活原理ともいうべきものを再発掘し、かつ、それの古代的形態・中世的形態・近世的形態および近代的形態を見きわめることが、研究目標でなくてはならないと考え、まず、そのなかの中世的なものを探究することに向かい、まだその過程に曲折しています。〉（同上書、一三五ページ）

〈大正年間から急に頭をもたげてきた中世研究は、いわゆる知識の暗黒時代であるけれども、その暗黒の底には、知識よりも深い情意の文化が、暗黒の底をつらぬく白銀のようにひらめいているというような見方から、むしろ、日本文学史の深淵にも比せられ、この深淵を汲むことによって、古代文学も近世文学も近代文学もあるがままに位置づけられるであろうというような見通しがひらけてきました。そういう観点に立ってみますと、この中世文学の研究は、主流・傍流・底流にわたって複雑をきわめています。わたしの研究も遅々としてはかどりません。けれども、どんな小さな考察も、このような方向にそった努力の一里塚であります。わけても、わたしの大学進学が、文学すなわち人間研究を頂点とした国語教育のぎりぎりを究めたいという意欲に導かれたものであっただけに、このような中世的なものの探究は、同時に教育の意義や方法の発掘にもなっています。〉（同上書、一三五ページ）

こうした研究目標の下に、西尾実先生の中世国文学研究は、爾来六〇有余年にわたって継続され、その成果が集積された。西尾理論の源泉が常にその国文学研究に見いだされるのは、改めていうまでもない。西尾国語教育理論が涸渇しないのは、国文学研究をその源泉の一つとしていることにもとづくといってよい。

二　西尾理論の展開過程

西尾実先生の国語科教育実践歴・国文学教授歴は、次のようであった。

①　長野県飯田尋常高等小学校時代　（明治四三年四月〜明治四五年三月）
②　長野県大下条尋常高等小学校時代　（明治四五年四月〜大正元年九月）
③　東京帝国大学文科大学文学科選科（国文学専攻）時代　（大正元年一〇月〜大正四年七月）
④　東京市日本橋区第二実業補習夜学校時代（夜間）　（大正四年九月〜大正六年九月）
⑤　東京　淑徳高等女学校時代　（大正五年秋ごろ〜大正七年八月）
⑥　長野県松本女子師範学校時代　（大正九年九月〜大正一一年九月）
⑦　長野県『信濃教育』編集主任時代　（大正一一年七月〜大正一四年一二月）
⑧　東京　成蹊高等女学校（国語専攻科）時代　（大正一四年一二月〜昭和四年三月）
⑨　東京　第二東京市立中学校時代　（昭和四年五月〜昭和八年五月）　（上記専任教諭期間四年間のほか、前後に六年間、教授嘱託として毎週二日勤務する。）
⑩　東京女子大学時代　（昭和八年九月〜昭和二四年一月）
⑪　国立国語研究所長時代　（昭和二四年一月〜昭和三五年一月）

⑫　東京　法政大学時代　〈昭和一〇年四月〈非常勤〉～昭和一四年九月、昭和一五年四月〈夜間、非常勤〉～、昭和二一年三月〈兼任〉～昭和四五年三月〉

⑬　東京　成徳短期大学時代　〈昭和四〇年四月～昭和七年三月〉

このように見れば、西尾実先生の国語科教育実践歴・国文学教授歴は、明治四三年（一九一〇）以来、実に六〇有余年にわたっていることがわかる。

いま、西尾理論の成立と発展の全課程を、いくつかの期間に区分するとすれば、次のようになろう。

Ⅰ　準備期　〈明治四三年〈一九一〇〉四月～大正　七年〈一九一八〉　八月〉
Ⅱ　集積期　〈大正　七年〈一九一八〉九月～大正一四年〈一九二五〉一二月〉
Ⅲ　成立期　〈大正一四年〈一九二五〉一二月～昭和八年〈一九三三〉　五月〉
Ⅳ　発展期　〈昭和　八年〈一九三三〉九月～昭和二〇年〈一九四五〉　八月〉
Ⅴ　模索期　〈昭和二一年〈一九四六〉一月～昭和二三年〈一九四八〉一二月〉
Ⅵ　成熟期　〈昭和二四年〈一九四九〉一月～昭和三六年〈一九六一〉一二月〉
Ⅶ　集成期　〈昭和三七年〈一九六二〉一月～昭和四七年〈一九七二〉一二月〉
Ⅷ　大成期　〈昭和四八年〈一九七三〉一月～昭和五三年〈一九七八〉一二月〉

第Ⅰ期・第Ⅱ期は、西尾実先生の二〇歳代から三〇歳代の多くを占めており、西尾国語教育理論の準備期・集積期にあたる。この期は、長野・東京の二つに活動拠点が求められ、森下二郎・垣内松三らとの出会いがあった。実践的集積に加えて、研究上の基礎固めと集積がなされたのである。

第Ⅲ期・第Ⅳ期は、西尾実先生の三〇歳代の後半から五〇歳代の後半に及ぶ満二〇年間で、戦前における西尾国語教育理論の成立と発展の時期にあたる。成立期には、旧制中等学校における国語科教育の実践に熱心に取り組むとともに、郷里長野県における国語科教育の実践・研究とも深くかかわって、指導的役割を果たした。発展期においては、国語教育学会に拠って、その活動を推進するとともに、みずからの国語教育論の構築に取り組み、国文学の研究と教育にもうち込んだ。この期には、みずからの国語教育研究をまとめて世に問うとともに、「岩波講座国語教育」一二巻の刊行にも加わり、中等学校用国語教科書の編修・刊行のことにも携わって、すぐれた実績が挙げられた。特に発展期においては、理論・実践の両面にわたって、国語教育界に指導的役割を果たされた。

第Ⅴ期・第Ⅵ期は、西尾実先生の五〇歳代後半から七〇歳代前半にあたって、国立国語研究所の初代所長として、敗戦後、戦後国語教育のありかたに関し、いちはやく模索を始められるとともに、国立国語研究所の運営・指導にうち込まれ、みずからの国語教育理論の学的体系化に意欲的に取り組まれた。すなわち、国語教育学樹立の必要が説かれ、構想が示されるとともに、その原理的構築が企てられた。この模索期・成熟期の計一五年間は、戦前における成立期・発展期の計二〇年間と並んで、西尾国語教育理論形成史上、最も重要な期間にあたっている。この時期、西尾実先生は、国語教育学の基礎を固め、その見通しを得るため、みずからその仕事を進め、最も重要な役割を果たされた。

第Ⅶ期・第Ⅷ期は、西尾実先生の七〇歳代前半から九〇歳に達せられる、約十数年にわたっている。集成期には、西尾実先生のみずからの生い立ち、教育実践者としての歩みなどがまとめられた。また、国文学研究・国語教育研究の論考の集成がなされるとともに、長い間の信州（長野）との深いかかわりを跡づけ、記念するものとして、「信州教育と共に」（昭和39年8月）「信州教育のために」（昭和42年11月）二冊が信濃教育会出版部から刊行された。大成期には、「西尾実国語教育全集」全一〇巻、別巻二巻、計一二巻がまとめられ、教育出版から刊行された。国語教育についての個人全集は、世界でも初めての試みといってよく、その偉容は西尾国語教育理論の豊かさと確かさとから形づくられている。

三　西尾理論の発展系流

西尾実先生の国語教育理論は、多様な流れを形成して、水量ゆたかに発展し、多くのみのりをもたらしている。いま、その多様な流れを数えてみると、次のようになるであろう。

Ⅰ　国語教育史論――わが近代国語教育の歴史的展開が問題史的に的確にとらえられている。明治期・大正期・昭和期（戦前・戦後）の初等国語科教育の問題史的展開が明確に跡づけられた。西尾実先生自身、明治期には主として国語学習者の立場から、大正期、昭和期（特に戦前）には主として実践者（指導者）の立場から、直接経験されただけに、その問題史的考究には説得力があった。

中等国語教材史の論究・記述も、「教育学辞典」（昭和13年5月25日、岩波書店刊）に収められた。分量の比較的少ないものながら、精緻で水準の高いものとなっている。

西尾実先生がわが近代国語教育の生い立ちに身を寄せて、みずから開拓者の一人として歩まれたことが、その問題史的把握をいっそう確かなものとしている。

Ⅱ　国語教育学論――西尾実先生が戦後十余年間にわたって、最も力を注がれたのは、国語教育学の樹立に関する問題であった。国語教育実践の自立を確保し、その内実を拡充し深化させるため、国語教育学樹立の必要を説かれ、その構想を提示された。すなわち、一九五〇年代の国語教育学研究を代表するものとして、昭和二六年（一九五一）に「国語教育学の構想」（筑摩書房刊）がまとめられた。この「構想」において、西尾実先生は、言語生活の実態と機能、言語生活の領域と形態、言語生活の方法（その基本問題）、言語生活の指導（その一般問題）などの考察を根底に捉え、各論として、談話生活の問題と指導、読書生活の問題と指導、作文学習とその指導、文芸活動とその指導などに論及された。西尾実先生の国語教育学の構想は、言語生活の実態・機能・領域・形態・方法の考究を進め、さらに各言語生活（談話・読書・作文・文芸）の指導のありかたを解明していくことを中核としていた。言語生活への視点が明らかにされ、その内容をとらえるとともに、それを学習・習得していく方法を提示したものとして、言語生活を中心対象とする国語教育学は、初めて学としての対象と内容と方法を具備したものとなったといってよい。

西尾実先生は、昭和三二年（一九五七）、「国語教育学序説」（筑摩書房刊）をまとめられた。ここで西尾実先生は、国語教育の基礎学の樹立を求め、われわれの国語による生活と文化の問題を掘り下げ、ことばの生活と文化の学習の問題に論及された。ここに西尾実先生の求めてこられた国語教育原論が結実したのである。

Ⅲ　言語文化教育論――西尾実先生が終始探究をつづけられ、大きい成果を挙げられたのは、言語文化としての古典の研究と教育、文芸作品の研究と教育、読むことの教育の研究である。「徒然草」を中心とする中世文学の研究とそこから導かれた古典教育論は、研究即教育の境地に立って形成されており、古典文学教育への道がきり開かれた。

作品（文章）の解釈、作品（文章）の鑑賞について、西尾実先生は、独自の方法体系を創始され、かつ実践された。昭和四年（一九二九）にまとめられた「国語国文の教育」（古今書院刊）は、文学の研究と教育を中心主題とする探索の記録であって、西尾理論は、ここに発展のための確かな礎石の一つを得たといってよい。

Ⅳ　言語生活教育論——西尾理論の最もめざましい成果をなしている。言語活動を国語教育の領域として位置づけ、わが国語科教育をことばの教育として構築していくことを主張し、提唱されたのは、特に注目すべきことである。戦後、昭和二二年（一九四七）に刊行された「言葉とその文化」（岩波書店刊）をはじめとして、言語生活の探究が意欲的になされた。それらは、やがて昭和三六年（一九六一）に「言語生活の探究」（岩波書店刊）として集成された。それは国語教育の対象を措定することであり、国語教育の内容を把握し、解明していくことでもあった。昭和四四年（一九六九）には、前出「探究」の続編として、「人間とことばと文学と」（岩波書店刊）がまとめられた。

大石初太郎氏は、西尾実先生の言語生活論について、「言語生活の概念を整理、体系化し、また、これを、今日の国語教育を規定する一つの原理たらしめる態勢を広め、確立されたことは、博士の業績の最も著しいものの一つと評価されよう。」（「西尾実国語教育全集」第六巻解説、四五〇ページ）と述べておられる。

西尾実先生は、言語生活の病理・問題点についても診断を精密的確に下し、その対策についても積極的に発言された。

Ⅴ　文章表現教育論——西尾実先生が最も力を入れられた領域の一つである。綴り方教育・作文教育・書くことの教育——これらの原理と方法に関して、終始手がたい実証的研究と実践上の試みをつづけられ、その史的展開を見きわめつつ、書くことの教育の位置づけと進展に深く思いを潜められた。

口語文（書きことば）の革新を求め、綴る力の発達の実証的共同研究を推進し、書くことの機能を明らかにして、書くことの教育を重視し、そのありかたを求められた。

西尾実先生は、昭和二七年（一九五二）「書くことの教育」（習文社刊）を世に送られた。本書は、一　書くことの問題点、二　書くことの教育の問題史的展望（一範文模倣期、二自己表現期、三社会的自己発見期）、三　言語生活における書くことの位置と意義、四　書くことの基本形態、五　書く立場の確立と発展、六　書くことの形態と方法（一通信形態、二記録形態、三通達形態）、七　創作の形態と方法（一創作の位置と意義、二創作の形態、三創作方法の問題）、八　書くことの評価と指導、のように組織されていた。論究のしかた、その組み立てには、西尾実先生独特のものがうかがわれる。倉澤栄吉教授も指摘されるように、本書は、「国語教育学の構想の展開を指示するもの」（「西尾実国語教育全集」第三巻解説三九六ページ）といえる。西尾国語教育学は、ここに確実に発展し、一つの結実を示したといってよい。

Ⅵ　国語教材論――西尾実先生は、戦前から戦後にかけて、みずから中等学校・小学校の国語教科書の編修に当たられ、この面でもすぐれた実績を挙げられた。みずからの国語教育理論をふまえつつ、またみずからの豊富な国語教育実践経験を生かしながら、独自の国語教科書を生み出された。国語教科書のありかたについても、多くの鋭い論究・提言がなされた。

国語教科書所収の教材について、独自の教材解釈・教材研究が積み重ねられたのも、西尾実先生ならではのすぐれた業績の一つと数えられる。西尾実先生の国語教材研究は、古典文学・近代文学の作品研究と密接にかかわり、国語教科書編修とも緊密に関連しており、さらに国語科授業論とも深くかかわっている。

Ⅶ　国語科授業論――西尾実先生の国語教育学の中心課題の一つをなしている。なかでも、国語教師論・国語学習論・国語教室論がその中核をしめる。西尾実先生の国語科授業についての眼光は鋭く、洞察して、問題の所在を的確に見抜かれる。

西尾実先生は、自他の国語科教育の実践（授業）から啓発され、示唆を受け、その理論化に努められた。西尾理論の有用性は、国語科授業とつねに深くかかわって、たえず指導的な役割を果たしているところに認められる。

Ⅷ　国語基礎能力論――西尾実先生の根源・根底からの論究対象の一つである。さまざまな国語学力論の行われている中で、西尾実先生は、言語文化（とりわけ世阿弥・道元を中心とする）研究から導かれるものとして、また言語生活の探究から得られるものとして、その接点に国語基礎能力とはなにかを求められた。

以上、Ⅰ～Ⅷにわたって、西尾理論の発展系流を略叙したが、図1のように関連づけることもできるし、また、

図1　西尾理論の系流（その1）

Ⅷ　国語基礎能力論

↑↓

Ⅶ　国語科授業論
Ⅵ　国語教材論

↑↓

Ⅴ　文章表現教育論
Ⅳ　言語生活教育論
Ⅲ　言語文化教育論

↑↓

Ⅱ　国語教育学論

↑↓

Ⅰ　国語教育史論

図2　西尾理論の系流（その2）

Ⅱ　国語教育学論

Ⅳ　言語生活教育論
Ⅴ　文章表現教育論
Ⅲ　言語文化教育論

↑↓

Ⅵ　国語教材論
Ⅷ　国語基礎能力論
Ⅶ　国語科授業論

Ⅰ　国語教育史論

図2のようにまとめることも許されよう。いずれにしても、半世紀をこえる六〇余年の歳月をかけて探究され集積されて成った西尾国語教育理論の発展系流は、雄大でありしかも精深であって、改めて深い感銘をおぼえずにはいられない。

四　西尾理論の形成過程

西尾理論が国語教育理論として、国語教育・国語科教育のほぼ全領域にわたる雄大な理論体系であることは、すでに見てきたとおりである。また、それらが多様な発展系流を示していることにも言及した。

西尾実先生は、みずからの国語教育への取り組みの跡をふりかえって、次のように述べておられる。〈わたしの唱えた、綴り方―読み方―話しことば―書くこと、は、それぞれ孤立したものではない。真実の表現をさせたいという信念から、話しことばの技術高揚を唱え、最近（引用者注、昭和四一年〈一九六六〉二月、四月の時点で言われている）はまた、書くことを重視した意見を発表している。

長い国語教育への歩みを回顧してみると、教師になったときから今日まで、やはり書くこと（自己表現）は、わたしの国語教育の中心をなしてきたことになる。〉（倉澤栄吉他編「近代国語教育のあゆみ2」、昭和45年11月、新光閣刊、四〇ページ）

ここに述べられている、「綴り方―読み方―話しことば―書くこと」は、実践上・研究上、深い関心をもって取り組まれた時間的次序を示すものであるが、それぞれに関して西尾実先生がみずからの論として構築されたのは、文章表現教育論（綴り方・作文・書くこと）であり、言語文化教育論（読み方）であり、言語生活教育論（話しことばを含む）であった。それらは、さらに国語教材論・国語基礎能力論（国語学力論）・国語科授業論とも深くかかわっていた。

西尾理論としての言語文化教育論（古典教育論・文芸教育論・読むことの教育論）・言語生活教育論（ここでは、話すこと・聞くことの教育論）・文章表現教育論（綴り方教育論・作文教育論・書くことの教育論）は、それぞれ長い時間をかけて構築されたものであるが、それらは国語教育史論に立つ問題史的展望に拠って、歴史的位相を確かめられ、さらに国語教育学（論）へと統合されていった。

西尾理論の志向するところは、言語文化教育論・言語生活教育論・文章表現教育論それぞれ、読むこと・話すこと・書くことの教育の自立性を確保し、その実践体系を原理と方法にわたって構築していくことであった。

西尾理論としては、実践体系としての言語文化教育論・言語生活教育論・文章表現教育論をふまえて、国語教材論・国語基礎能力論（国語学力論）を包摂しつつ、国語科授業論が機能していく。西尾国語教育理論の特質の一つは、原理面・内容面・方法面において、国語教育・国語科教育の実践体系の確立を目ざしたところに見いだされる。

しかし、実践体系の探究・構築にあたっては、西尾実先生のばあい、臨床的に自他の国語科教育の実践そのものにその足場を求めるとともに、文芸作品そのものについて、読みのはたらきそのものについて、綴るはたらきそのものについて、さらにまた、話し聞くことについて、その本来の性質・機能・特性などがねばり強く求められた。それは実践体系のための基礎（基本）体系の発見と確定を目ざす仕事でもあった。

西尾国語教育学の根本性格は、国語教育・国語科教育における、基礎（基本）体系とそれをふまえた実践体系の構築を目ざした点に見いだされる。

西尾理論における言語文化教育論の核心は、基礎体系として、作品そのものを中心対象として措定しつつ、独自の作品研究の方法を創始し、作品研究の実績を古典文芸（特に中世文芸を中心に）・近代文芸（森鷗外・志賀直哉の作品を中心に）の上に積み重ねつつ、実践体系として、読むことの方法体系を見いだし、鑑賞作用について考察を深めていった点にある。西尾理論における基礎体系⇅実践体系の関連は、実践営為に即して見いだされ、深められていく。

西尾理論における言語生活教育論の特質は、基礎体系として、言語生活を見通し、それを全体的にしかも機能的構造的にとらえつつ、実践体系として学習・指導上の原理と方法とを導き出しているところにある。聞くこと・話すことの学習指導において、対話・問答形態、討議形態が重視され、国語基礎能力論にも拠って、話すことの教育が実践体系として提示されているのには注目させられる。そこでは社会的行為としての聞くこと・話すことが話し手・聞き手の主体的かつ体験的な省察によって掘り下げられていく。

西尾理論における文章表現教育論の精髄は、基礎体系として、わが国における書くことの歴史的展開が跡づけられ、その形態・方法が明らかにされ、実践体系として書くことの各形態ごとに指導方法、指導上留意すべき点が示されているところに見いだされる。書くことの教育を国語科教育の中で最も重視すべきであるという帰結にも至っている。

西尾理論における国語科授業論の特質は、国語教師論・国語学習論・国語教室論それぞれに示唆に富む論が述べられ、実践上の指標たりえている点に見いだされる。国語教師論の中で、指導者（教師）としての「立場」の発展が説かれているのは、国語科授業の真の源泉がどこにあるかを道破されたものである。西尾実先生自身の国語科授業体験が随処に生かされているのも、その授業論を説得力のある、体温の感じられるものにしている。

西尾国語教育理論の形成過程は、国語教育・国語科教育の実践上・研究上の課題の発見（あるいは、問題意識の胚胎）↓課題解決のための考察（あるいは、問題への取り組み・育成）↓課題をふまえての体系化（あるいは、作業、考察の結実）のようにたどられる。基礎体系・実践体系それぞれに、このような形成過程がふまれ、西尾理論の実質をつくり上げる。

国語教育学としての西尾理論は、国語教育・国語科教育の基礎論・内容論・方法論としての実質を備えた、基礎体系であり、実践体系であるが、授業そのものを構想し展開していく技術体系としての具体的なことになると、なお実践者のくふうに持つべき点も少なくない。それにしても、西尾国語教育理論は、根を大地にしっかり張って高くそびえ立つ巨樹の感が深いのである。

Ⅲ　授業創造へのひとすじの道
——古田拡先生の国語教育遍路

古田拡先生は、
国語教室の創造——国語科授業の創造を
長い年月ひたむきに求めて、
ひとすじにゆたかに順礼してこられた。
順礼途上出会われた典型的な事例から
多くのものを学ぶよろこびは、
なにものにも代えがたい。

一　古田拡先生との出あい

わたくしが古田拡先生に、初めてお目にかかったのは、昭和二五年（一九五〇）六月二三日、東京都港区氷川小学校での文化集会（石森延男氏主宰）の席上であった。芦田恵之助先生のお姿によそながら初めて接することができたのも、同じ文化集会の席であった。思えば、古田拡先生にお目にかかってから、すでに四半世紀をこえる歳月を閲してしまった。

　わたくしは、旧制大洲中学校時代に国語科を担当していただいた仲田庸幸先生を通じて、古田先生についてのお話をうかがっており、国語教育の道における先達として、畏敬の念を抱いていた。それは昭和一四年（一九三九）四月、広島高等師範学校に入学して、国語・漢文を専攻するようになり、さらに昭和一六年（一九四一）夏ごろから、国語教育研究への志が確かなものになって、古田拡先生のご著書に接し、深い感銘を受けることで、いっそうその念をつよめていった。

　昭和一六年（一九四一）九月、古田拡先生は北京師範大学教授になられた。北京へ単身赴任をされる前、古田拡先生は、広島に立ち寄られ、勝部謙造教授を訪ねられた。わたくしはそのことを仲田庸幸先生（当時、松山市に住んでおられた）からおしらせいただいて、古田拡先生が来校されたら、ほんの一目でもお目にかかりたいと願っていたが、その願いはかなえられなかった。

　わたくしの手もとに、「朝日新聞」（昭和16年7月20日〈日〉）の切抜きがある。それは古田拡先生の「流水亭主人」と題して尾藤二洲先生のことを記された、日曜随想である。

　この随想の中で、古田拡先生は、尾藤二洲の漢詩を三編引いて述べておられる。

　一つは、「流水亭偶成」と題する、次の詩である。


　流水声中一小亭／声々是れ前庭に在るが似し／人あり来り説く塵間の話／只潺湲に対して総に聴かず

　もう一つは、次のような詩である。

　科に盈ちて進み章を成して達す／流水原あり滾々たり其の末／あゝ吾成すなく優游に老いたり／髪の種々たる水に鑑みて羞あり／水や水や何を以てか憂を写さん

　これらの詩を引用した後、古田拡先生は、随想を、次のように述べておられる。

〈これ先生の表とすると、前詩がその裏である、この裏とつらなるのが、やはり昌平黌時代の栽花の詩である。
官情常に歎ず隠情と殊なるを
却つて喜ぶ春光吾に負かざるを
隙地花を栽するに布置無く
閑時水を灌いで工夫有り
もちろん、この詩は前のよりは温藉である、前のは少々骨がある、しかし涼しいではないか。
只潺湲に対して総に聴かず
この一句を吟ずるとどうしたのか流水亭主人とよびたくなるのである。
閑時水を灌いで工夫有り
これは科学する心ではないかといつた友人がある、ともに顔を見合せて笑つたがこれも涼しい句であつた。〉（句点は引用者）
この文章（随想）をものされた古田拡先生は、当時四五歳であった。この「朝日新聞」紙上の「日曜随想」には、先生のお写真が載せてあった。わたくしは古田拡先生にここではじめて対面したことになる。わたくしのばあい、このようにして、古田拡先生との出あいが成就していくようになったのである。

二　「読方教授体系」との出あい

さて、わたくしが古田拡先生の「読方教授体系」（岩波講座国語教育、昭和12年2月15日刊）を読み終えて、深い感動をおぼえたのは、昭和一六年（一九四一）七月二七日朝のことであった。当時わたくしは広島高等師範学校の第三学年になっていた。夏休み、広島市内、のちの原爆ドームのすぐ隣にあった西蓮寺に下宿して、岩波講座国語教育を分冊ごとにすべて読破していこうとしていた。多くの分冊群の中で、古田拡先生の「読方教授体系」には、もっとも深い感銘を受けたのであった。わたくしは、この「体系」を、昭和一六年八月九日にも、わたくしの郷里の生家に持ちかえってくりかえして読み終えている。わたくしは古田拡先生の構築しておられる国語教育の世界に魅せられたのである。

「読方教授体系」の中に、次のような一節がある。

〈久しぶりの夕立らしい。何かうれしく私は「みんな来い」とて二階へ上つた。尋一の女の子と来年入学の弟とがついて来た。

明放つた窓から、さつとしぶきをふくんだ風が親子の面にあたる。と、姉の子は今ならつてゐる巻一、四十二頁のところを叫び出した。

カゼ　ガ　サツト　フク　ト、大ツブ　ノ　アメ　ガ、パラパラ　フリダシマシタ。

あつらへ向きに雷が光る。弟も聞覚えに

ピカリト　ヒカリマシタ。

とやる。それを追うて鳴る。姉の子が

大キイ　カミナリ　ガ　ゴロゴロト　ナリマシタ。

だが、彼等は「ビックリシテ、オカアサンノソバヘカケヨリ」はしない。うれしげに父親に添うて立つてゐる。母親もいつのまにか後に来て立つてゐた。

やがて

アメ　ハ、ザアザア　フッテ　キマシタ。

と、姉弟がほとんど同時に叫ぶ。その同唱声裡、雨はザアザアと降つて来てゐるのである。

読本の文章はこれで終る。彼らはどうするか。私は興味を持つて待つて居ると、弟が

「ミナミノ山ガキリ山ニナリマシタ」

といふ。雲霧に覆はれた山々をキリ山と名づけたのである。と、姉が

「キリ山ノ鳥ガ、キリノ向カフデヌレテヰマス」

とつづける。

いつか私の心もしとしとと濡れて、たつた一人子で育つた幼時、雨の日に窓の格子につかまつて、母に教へられた

あーめえ、あーめえ、あーがれよう。

やーまのとーりが、なーくぞよう。

とひとり歌つて居たおもひでを、ゆくりなくも今、こゑなきこゑで歌つてゐた。この「雨、雨、上れよ。山の鳥が泣くぞよ」をおもひ出すのは年に何度ある事だらう。これをおもひ出してゐる時が、私の幸福の日である。いま私はこのあまいメロディの幽暗なゆらぎのうちに、亡き母の声音を追ひ、さらに又、母は誰に教へて貰つて育つて来たことか、創始者なき創始者、すなはち産土《うぶすな》のこゑを追つて居た。ひろびろとした世界であつた。

が、この「ことば」を産んだ「こころね」は、今この尋常一年生の女の子にもあつた。「可哀想に山の鳥が濡れてゐるのだが、……」といふおもひやり、奥行も知らぬひろぐ〲とした世界だ。

が、この天地同根にねざす生命必至のおもひやりが、かく「雨、雨、上れよ。山の鳥が泣くぞよ」と結晶しては、私の郷土の子どもたちは、みなそれによつて、「おもひやり」を吸入し、何かしらの哀感のうちにはぐゝまれて来たのである——道徳、芸術、宗教、一切の母胎をなす心を。

「読方」と「綴方」とをむすびつける「と」、その純粋なる「と」を求める所に国語教育の本道をわが国国語教育の先覚者達は明らめて来られたが、これは単なる教室内の文字の世界を云ふのではない。今、子供らは「飛行機」への驚喜と「夕立」の景趣を、彼等のならつた読本中の「ことば」を以て把へ、さらにその読本の「ことば」の終るところ、それは、結すび即産出《むすび》であり、おのづから自分らの「ことば」の空に飛んで居た。この「おのづからなる離陸」、それが、「と」とも知れぬ「と」である。さらに、私は、幼時のうたをよび出され私の生はうるほふ。これが「と」とも知れぬ「と」であつた。これが言語性の本質であつた。〉（同上書、九〜一一ページ）

古田拡先生の「読方教授体系」とほぼ時を同じくして発表された、西尾実博士の「文芸主義と言語活動主義」（同講座、昭和12年3月配本）において、西尾実博士が強調された〝言語活動主義〟の考え方は、すでに古田拡先生によって、教室実践として生かされていたのである。古田拡先生が「言語性の本質」とされているところは、西尾実博士の提案された〝言語活動主義〟の内実そのものにあたっているともいえる。

昭和一二年（一九三七）三月といえば、古田拡先生が愛媛県立川之江高等女学校教諭から愛媛県師範学校教諭兼附属小学校主事になられたときにあたる。先生は四一歳、不惑の齢をこえて、国語教育実践の世界に、はやくもゆるぎなく確かなものをとらえておられたのである。

古田拡先生はまた、「読方教授体系」の中で、次のように述べておられる。

〈巻五の二十三は「電車」である。交通道徳を教へるものとされる。だが、

人ガ一パイ乗ツテ居テ、アイテ居ル席ハ、一ツモアリマセンデシタ。私ガ、ニイサント並ンデ立ツテ居マスト、スグ前ニカケテ居タヨソノヲヂサンガ、私ノ顔ヲ見ナガラ、

「ボツチヤン、コヽヘオカケナサイ。」

ト言ツテ立ツテ下サイマシタ。

見ず知らずの小父さんがである。有ること難しといへよう。有難い。よつて遠慮なくすつぽり人の懐に飛込めるのはよほどの横着者かよほどの出来た人以外にはやれぬ。

私ハ、少シアワテタヤウニ、

「イヽノデス。僕、立ツテ居マスカラ。」

といふ。この心はヲヂサンにはよくわかる。で、

「イヤ、ワタシハ、モウヂキ下リルノダカラ、カマハズ、オカケナサイ。」

かう言ふだけではない。かう言ひつゝ、

アツチヘ行キカケマシタ。

その心づかひの有難さ。

「ドウモ、アリガタウ。」

と兄さんが言つてくれる。うつかりして居た。

「アリガタウ。」

と小父さんの背へ云ふ。

「セツカク、アケテクダサツタノダ。オ前、オカケ。」

遠慮は失礼だつたのだ。人の御厚意のうけ方を兄さんは教へてくれる。かうして腰を下したのはたゞのクッションではなく、ヲヂサンのあたゝかい心の中にかけるのである。「アリガタウ」の上にかけるのである。そして眼は小父さんに行く。が、

次ノ停留場ヘ来タ時、ヲヂサンハ、ソコデ下リルノカト思ツタラ、下リマセンデシタ。ソレカラ二ツ三ツ停留場ヲ過ギテ、表町マデ来マスト、人ガタクサン下リテ、席ガアキマシタ。ヲヂサンモ、コヽデ下リマシタ。

かうしたヲヂサンだつた。もうどこで逢ふやらわからぬヲヂサン。「ありがたう。」……兄さんも、その私のとなりへかける。黙つて居ても感激は交流する。

シカシ入レ代リニ、大ゼイノ人ガ、ドヤ〳〵トハイツテ来マシタ。席ハミンナフサガツタ上ニ、立ツテ居ル人モ、タクサンアリマシタ。一番後カラハイツテ来タノハ、七十グラヰノオバアサント、赤チヤンヲオブツタヲバサントデシタ。スルト、ニイサンガ小サイ声デ、

「立タウ。」

ト言ヒマシタ。私ハウナヅキマシタ。

オバアサントヲバサンガ、チヤウド私タチノ前へ来タ時、私タチハ、スグ立ツテ、席ヲユヅリマシタ。

小父さんのスグは二人のスグに転じたのである。「いまこの行持さだめて行持に行持せらるゝなり、この行持あらん身心、みづからも愛すべし、みづからもうやまふべし。」(『正法眼蔵』行持)

二人ハ、喜ンデ、

「ドウモ、アリガタウゴザイマス。」

ト言ヒナガラ、テイネイニオジギヲシテ、カケマシタ。

「アリガタウ」は「アリガタウ」を生んだのである。心は心を存続し、ことばはことばを存続し、心、ことばを転じ、ことば、心を転じゆくのである。「能転所転といへども一仏乗なり。一大事なり。唯以の赤心片々なるのみなり。……古仏の古仏のあふにあへり。古仏土にあらざらんや。よろこぶべし。劫より劫にいたるも法華なり。昼より夜にいたるも法華なり。法華これ従劫至劫なるがゆゑに、法華これ乃昼乃夜なるがゆゑに、たとひ自身心を強弱すとも、さらにこれ法華なり。あらゆる如是は珍宝なり。光明なり。道場なり。広大深遠なり。深大久遠なり。心迷法華転なり。心悟転法華なる、実にこれ法華転法華なり。心迷法華転。心悟転法華。究尽能如是。法華転法華。

かくのごとく供養恭敬尊重讃歎する、法華是法華なるべし。」（「正法眼蔵」法華転法華）こゝには「アリガタウ」の自受用法楽がある。かくのごとくにして

　電車ハ、又動キ出シマシタ。

やがて二人の少年も下りて群集の中に没しオバアサン、ヲバサンも又下りて群集の中に没す。「アリガタウ」のことばはどこへ行くのだらう。

「ことば」とは「ことのは」といふ。「事の端」の意といふ。が、言に発せられたる事は、心をくゞりぬけて端《あら》はれてゐるのである。心と事の「と」なき「と」、すなはち心即事、事即心の、すなはち真実《まこと》＝実在の尖端が言葉である。

実在の尖端は個性だといふ。その個性は歴史の中に己を没し去つて後に個性となる。その個性から発せられた「ことば」は歴史すなはち実在につながる。こゝに「ことば」は実在の尖端となる。

かくしてことばは個人主義的立場による社会契約説の範疇裡なる「社会契約」でもなく、抽象的な主意主義による「道具」でもなく、それらは側面的に知的には抽象され得るとしても、それらをつゝんでなほゆたかにふかき歴史的社会的実在であり、人間—民族—国民形成の動力である。〉（同上書、二九〜三三ページ）

教材「電車」（巻五、二三）のことばのはたらきを入念におさえつつ、古田拡先生みずからの〝ことば〟観を提示されている。教材「電車」の扱いには、すでに古田拡先生独特のことば・表現の把握がうかがわれ、その説きかたには、芦田恵之助先生の創始された「着語」の趣さえ感じられる。

三　古田拡先生の把握と摂取

古田拡先生の「読方教授体系」（前出）には、また、次のように述べられているところがある。

〈日常語のおのづからなる表現、ふたゝび消えては二度と繰返されぬやうな表現、これを聴きとめる耳を養ふことが読方の延長であるし、かつ母胎ではなからうか。

修辞立誠といひ道元禅師の愛語といひ、これは「話方」の根軸となるものであり、そこから芭蕉の「俳諧は中人以下のものとあやまれるは俗談平語とのみ覚えたる故なり。俗談平語をたゞさんが為なり」や、ハーンのOn Compositionで、創作のことばを大衆のなかに求めよといつた事が解釈せられると思ふ。だがそれに対応して、「聴方」の門を考えることが要請されるのである。

かうした構造が、国語教育において考へられるべきではなからうか。

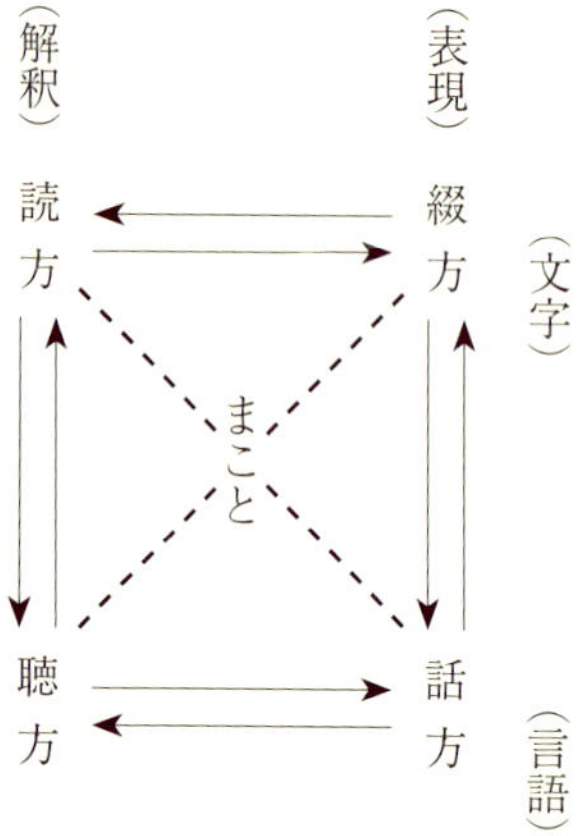

子供らは、「こんどの読本（引用者注、サクラ読本）はぼくらがつくつた様な本だ」と言つた事がある。この純真な語を、編者へのお礼のことばとして差上げたい。これは表現としては彼等の日常語、表現以前としては、彼等の日常事、日常心の問題である。〉（同上書、七六ページ）

ここには、古田拡先生が国語教育実践者として開拓してこられた言語生活者としてのことば自覚が述べられ、国語教育構造図が示されている。古田拡先生独自の国語教育の根基がとらえられているのである。わたくしは、学生時代、右の一節を読んで、「修辞立誠」という語に出合い、それが胸底に刻まれたのであった。

「読方教授体系」の中には、古田拡先生自身の日常生活の中から次のようなことばの生活の事例が二つ採録されている。

1〈長男六歳の夏である。彼しきりに字を知りたがり、右と左の覚えにくきを歎じる。ふとおどけ気分より、彼のチンポコまる出しのはだかの両手と両足に墨もて右、左と書く。書き終つて親子は同時に笑を発した。親は、かく美しき子の肢体に、わざ〱右左と字を書きつけ、元来東西なきに東西を立て、七日而渾沌死せるおもひであり、さうしたおのれのおろかさがおもはず可笑しかつたのである。子は、その反対に、わが手、わが足に、名がついたのをよろこんで笑つたのである。さうして、お隣へも見せて来るといつて母親がいかにすかしても寝る迄消させなかつたのである。一は表現固定を欲し一はその払拭を欲す。真如は言に依り、かつ言を離る。この出離自在の所に、真の国語教育がありはせぬのか。〉（同上書、八〇ページ）

2〈ある冬の朝、急ぎの仕事があつて、私は歯を磨いたまま顔は洗はずに、仕事にかゝつた。二時間ほどしてそれを終へ、流元に下りたちいつものくせの通り歯磨きの道具を取り、「あ、さうだつた」と思ひ「顔は洗つたのだね」と、そこに朝餉の仕度をして居る妻に問へば「お洗ひになりました」と答へる。さうかと合点しつゝ洗面器を取出しポンプを押さんとして、「おや」と思ふ。私は「歯は磨いたのだね」と問はんとして顔を洗つたかと誤つて問ひ、妻は、「磨きました」と答へんとして「お洗ひになりました」と誤つて答へてゐる。しかも、それでちゃんと意は通じてゐたのである。言に居て言に居ぬ世界がこゝにある。〉（同上書、八〇ページ）

いずれも古田拡先生の生きたことばの実態をとらえられる眼光の鋭さ、聴きかたの確かさを示していて、心うたれることが多い。古田拡先生は、当時すでにみずからの言語生活をとらえることに即して、みずからの国語教育の世界を構築しようとされていたのである。

古田拡先生は、「読方教授体系」の成立に関し、みずから、その「結び」の章の注に、次のように記しておられる。

〈＊本論は、恩師芦田恵之助先生のふかき、ゆたかなる直観的なものから多少体系づけようと努力したもので、本論全部は先生に帰り、先生から出てゐるのである。理論的には、垣内松三・西尾実両先生の著書の御かげをうけ、文章をよむ味はひは五十嵐力先生から頂いた。記してしみ〴〵と有難く思ふ。

＊更に書きつゞけつゝ、思つた事は小学校時代の二名先生の御恩のふかさであつた。更に、小学校の教壇で相交る友だちの上であつた。これなくば本論は成立たなかつたであらう。〉（同上書、八六ページ）

古田拡先生が芦田恵之助・垣内松三・西尾実三氏の国語教育の実践・研究から摂取されたものは多く、それらを独自の国語教育へと高められ、生かされたのは、ここに改めていうまでもない。

みずから、〈文章をよむ味はひは五十嵐力先生から頂いた。〉とある点は、とくに注目させられる。古田拡先生の文章表現の鑑賞の確かさ・鋭さ・深さには、やはりその源があったのである。五十嵐力博士の文章表現鑑賞についてのすぐれた業績を通じて、古田拡先生は「文章を読む味はひ」の生きた呼吸を会得されたかと思われる。古田拡先生は五十嵐博士の文章表現鑑賞法から多くを摂取され、それは古田拡先生の国語教育実践の展開に生かされていくことになった。

古田拡先生は、また、小学校時代の恩師二名先生のことについて次のように述べておられる。

〈わたしが小学校に入学したのは、明治三十五年である。父の老年近くの子なので、年は足りなかったのだが、一年繰り上げて、早く入れてもらった七つあがりである。そのころはそんな融通も、いなかではきいたらしい。その一年早く入れたということは、わたしの一生には大変ためになっているように思う。高等小学校を卒業するとき十一人いたと思うが、その中で八年間優等を通したのが九人もあって、学校始まってのことであったと思う。それは、一年、三年、四年と二名先生というかたに受け持ってもらったからであろうと父兄は言っていた。

先生は村の寺子屋の出で、師範は出ていられなかったが、村民尊敬の中心であった。立派な風貌を持ち、子ども心には、明治天皇の次に立派な顔をしていられるように思われた。先生は少しも、叱るということをなさらなかった。しかし、先生にじっと見つめられると、みんな震え上がった。上級生になったとき、ああいうのを目千両と言うのだろうというのを聞いて、なるほどなあと感心すると同時に、そうした評言は、何か先生へ対する暖かい心情を示しているように思われた。

その先生から、どんなことを教えられたかは、拙著「教師の話術」（引用者注、昭和38年11月20日、共文社刊）にも一、二書いておいた。ほかに、今、思い出すのは、漢字の山とか川とか日とか月とかを形象的に、さらに日と月が合して明となるとかいうふうに会意的に、教えてくださったことである。そして明治の「治」については、「これを『治める』とも『治まる』ともよむが、これにサンズイがついているのは、昔、支那大陸には洪水が度々あるので、禹という聖人が九年間かかって川の工事をやって、水の害を治めたからじゃ。その禹は九年間、わが家の門先を通っても、家の中には一度も入らなかったそうじゃ」などと話された。どうも、われわれは漢字を覚えるのに、そんなに苦労はしなかったように思う。

こうなると、わたしは、子どもたちの学力のつく、つかないは、その先生の実力がものを言うように思わざるをえない。今だってこうした教授はやっているはずなのだが、つまり二名先生の場合、先生の底力が常住、泉のように溢れ出て、教室を潤していたので、それが技術を生かして、子どもに力をつけていたのだろうと思う。〉（「教師

一代」、昭和41年1月10日、共文社刊、一一一～一一二ページ)

右の文章中、二名先生について述べられている、「先生の底力が常住、泉のように溢れ出て、教室を潤していたので、それが技術を生かして、子どもに力をつけていたのだろうと思う。」というくだりは、そのまま後年の古田拡先生にあてはまる。

二名先生――芦田恵之助先生――垣内松三先生――西尾実先生――五十嵐力先生、このようにたどってみると、古田拡先生の国語教育の背骨がなんであったかを知ることができる。それはわが国の国語教育の流れのただなかにみずからの国語教育をかたちづくられたといってよい。

四　古田拡先生の読声の論

古田拡先生は、別に岩波講座国語教育中の一分冊として、「教室論」(昭和12年9月10日刊)をまとめておられる。この中に、国語教室における読声の問題がとりあげられている。それは古田拡先生独得の実践体験をふまえて、次のように述べられていた。

〈松声、澗声、山禽の声、夜虫の声、鶴声、琴声、柑子の落つる声、雨の堦に滴る声、雪の窓に洒ぐ声、茶を煎る声は皆、声の至清なり。しかうして、読書の声を最となす。

といふ。

私は、古稀を越えられた老詩人が、物さびた声で、自作の七絶を「古邱寒水」と誦みはじめられた秋夜の燈下をわすれる事が出来ない。

一年、それは冬の夜ふけの事であつたが、わが郷里の村に帰り、通りかゝつた農家の納屋の低い窓の下から、つまりつまり日本外史か何かを、十五六歳とおぼしき声で読むのが聞える、その誤読を時々、兄らしい声が訂してゐる、それを聞きつけて、二三十分もそこに立止つて聴入り、何かしら瞼があつくなつてそこを立去つたおもひでがある――郷里だけに、よけいに、祝福に似た感動を持つのであつた。

日曜の午後、向ふの家の中から、ハト、マメ、マスとおさらへしてゐる今年上つたばかりの一年生のこゑが聞える、それが又時々つまるのである、するとその拍子に、屋根に遊んでゐる雀が、樋にひよいと下りた音が聞える、全く春日遅々である。――もう十年も昔の事だが。

又その頃、親戚の家の座敷を借りて住んでゐた時分、ある青年に、一書を講じてゐた、それを襖越しにそこのをばさんが聞き、亡くなつたお父さんの声や調子にそつくりだと言つてくれた、それ以後、私は読書の際、われとわが声をいとほしむ事がある。

こゝに挙例した四つの声の分析はしばらく措く、たゞ、これを以て私自身冒頭に掲げた酔古堂剣掃中の句の理会に資するのである。

しかし国語教室そのものにおける私の体験は、更にその読書声裡の松声、澗声をおもはしめるものである。試みに

然り而して、読書声裡の松声、澗声、山禽の声、夜虫の声等々を天籟と為すとでもしようか。

もう六七年も前の事であつたが、ある山村の高等科の児童を教へた事があつた。彼等の読みは、たゞ立板に水式の読みであつた――これは高等科に特に多い読みぶりであつた。意義を追求する読みでも、意味を表現する読みでもなかつた、たゞすら〳〵と読めたらそれがよい読みと思うて居るらしかつた。更に悪いことには、読んで居る子が一語でも行きつまるか、誤読するかすれば、直ちに周囲から口々にそれを指摘する事であつた。実際の人生で

は、さうした事は、もつともはしたない事としてたしなめられる不作法な事が、人をつくる道場といはれて居る教室で、常時行はれて何ら怪しまれないのである。そして彼等の耳は、その読んで居る子の、時として適確な解釈と深い感動を示す読みをした場合があつても、それには気がつかないのである。更に彼等は、今彼等自身もこの文に読浸りつゝ、すなはち文のこゝろに肉薄して行く時――みづからの目は文字を追ひ、更に之を助くるものとしてその文は学友の肉声となつて耳にひゞいて居る国語教室に居るのである――なのに、彼等の意《こころ》は文を離れて、他の行きつまりと誤りとのみにある!!

第一時限は、かうした事の注意を緯として読みのみに終始したのである。さて、十五分の休憩の後、第二時限になつて、室に入るとまるきり空気のちがふのを感じた。そして、まづ一人の女の子に当てて読ませて見た所、水を打つた様な教室の中に、その子の冴々とした読みがひゞき渡つて行つた。しかして句の切目、次の節に移る折の停止の時、おのづから室に入来つたのは、窓下の深い谷底を行く淙々の声であつた。私は前時間にはさうした渓流のある事は知らなかつた。今はじめて知つたのであつた、冴々と読みゆく一人の女の子の停音の裡にそれを聞いたのであつた。いかに私の心を洗つた事か。

これは聴かうとして聞えず、たゞ、教室の空気が澄切つた時、おのづからにして聞え来るものであつた。私はこの時以来、国語教室内の朗読にふかいよろこびを持つ様になつた。同時に次の如き事がわかつて来た。

それは、その頃私の奉職して居た女学校の教室の窓外には日本式の庭園があり、そこに噴水があつた。その教室で私が生徒の読んだ後に、所謂教師の範読といふのをやる。所が上述の経験から、私自身の読書声裡にこの噴水が聞えるかと思つて、やつて見ると聞えない。所が、ある朝、身体の調子が悪くて、今日は欠勤しようかと思つて居て、その日の教材が、「源信僧都の母」であることに気づくと、これは生徒の自習に任しておけぬ、どうしても自分が行つてやらねばいけぬと思つた。それほどこの課には私はふかい感激と尊信を持つて居たのである。かくして、その日の私の読みは、所謂範読意識を離れたものであつた――お前らのは拙くていけない、俺のを聞かしてやらうといふ様な心はすつかり離れて、たゞ、私自身、冴々とした（身体の調子はすつかりよくなつて居たのである）深いおもひに満たされて、「源信僧都の母」を読んで行つたのである。すると、この時、はじめて、段落の所、句点の所などに、潺々と噴水の音が入り来つたのである。

以後私は生徒の前で読む場合、まづ、範読意識を捨てる事に工夫した。前に居る生徒を忘れ、たゞ自分一人教材に読入り読浸る事に身心を調へる様にした。すると、必ず、噴水の音が聞えてくるのである、聞えて来るといふよりく、つねに伴ふといふ感じである。聴かうとして噴水に意識が割れては聞えず、そんな事は一切忘れて、たゞ、読む事そのものに意識を一にする時、おのづから聞え来り、しんとした教室をさらに柔いしづけさに満たすのである。〉（「教室論」三～六ページ）

ここには、古田拡先生の国語教室における読声論・朗読論・範読論がみられる。古田拡先生のばあい、その読声論は独自の聴きかた・聴くことに支えられており、読むこと・聴くことの至極の境地が身をもってとらえられているのである。

みずからの生活経験を通して、四つの読声を取りあげつつ、さらに国語教室の体験を通して、読書声裡のさまざまな声に天籟を見いだし、その境地に立つために、みずからの読みかた（朗読・範読）のくふうを積んでいかれる――ここに古田拡先生の個性的な国語教育への方法がある。

わたくしのばあい、古田拡先生の「教室論」は、昭和一六年（一九四一）八月一日、総社駅から広島駅への車中にて、その一回目の読みを終えている。また、昭和一六年（一九四一）八月一〇日、四国の郷里（当時、愛媛県喜多郡菅田村）の生家で、再び読了している。古田拡先生の独自の論究に心魅かれ、つづけて読みかえしたのであった。

前掲「読方教授体系」・「教室論」は、やがて単行本「国語教室」（昭和14年8月30日、同志同行社刊）に収録された。「国語教室」の「自序」には、昭和三年（一九二八）一二月二六日に初めて芦田恵之助先生に会われたこと、それより先、大正一一年（一九二二）には、「国語の力」（垣内松三著、大正11年5月8日、不老閣書房刊）を一気に読了されたこと、また、昭和五年（一九三〇）二月ころ、「国語国文の教育」（西尾実著、昭和4年11月24日、古今書院刊）を読まれたことなどが記されている。

五　古田拡少年の読書体験

古田拡先生は、小学校時代の読書体験を、次のように回想して述べておられる。

〈それが、小学三年か、四年の頃である。（引用者注、多賀小学校への入学は、明治三五年〈一九〇二〉四月であるから、明治三七、八年ころである。）ある日、その講談本（引用者注、神田伯竜口演、速記の講談本、当時米問屋だった古田家に何十冊かあったという）の一冊、岩見重太郎ではなかったかしら。それを、ふりがなを便りに読んでいったのである。とうとう、半日かかったのか、一日かかったか、読み終った時は、寝ころんでいたのを覚えているが、その生理的感覚は、一冊読み終って、大きな山を一つ踏みこえたような一仕事やりとげたような感じがしたのと結びついて記憶されているのである。

子どもにとって、百ページあったのか、二百ページあったのか、それは知らぬが、とにかく、一冊読み通すということは、大へんな仕事である。しかし、一度それをやると、あとは、らくなものである。わたしはそれから、つぎからつぎへと、家にあるだけの講談本、何十冊は読破、（まさしく、少年にとっては読破といってよかろう）したのであり、それにつれて、読書の速度というのは、級中では、なみはずれて早くなり高等小学校時代になると、そばにいた友だちが、そのページの行数を数えるのと、わたしが読むのと、同じぐらいになっていた。

現在、わたしが、読書力がついたというのは、一、早く読めて、しかも、二、深く読めるようになったこと、という二個条をまずあげるのであるが、その第一条は、この時の体験にもとづくようである。〉（「東北の国語教育」、東北地区国語教育研究協議会編、昭和37年12月20日刊、古田拡先生稿「国語教育遍路」、五三ページ）

古田（拡）少年がどういう読書体験を持って、その読書力を習得し、伸張されてきたのかについて、その一端を知ることができる。――古田拡先生の読書力（読破力）こそは、その国語教育のゆたかさを保証していく根基の一つになっていると思われる。

六　古田拡先生の国語科授業把握

古田拡先生の国語科授業そのものの観察の鋭さ・確かさには、つとに定評がある。それは古田拡先生の国語科授業への熱意・執念のつよさにもとづくものであり、古田拡先生が国語科授業の創造に生涯稽古の場を見いだしておられることと深くかかわっている。

古田拡先生は、参観・視察された数多くの国語科授業のうち、忘れられない印象深いものとして、次のような例を挙げておられる。

〈これも四十数年前、わたしが、県の視学委員を委嘱せられていた時のこと（引用者注、古田拡先生は、昭和二年〈一九二七〉四月愛媛県の国語科視学委員となり、爾後一〇年間ぐらいつづけられたという）。授業者は当時の高等女学校を出て、わずか二、三年しか経ていない女の先生であった。授業は一年生のサルカニカッセン。終末に近く、サルが、わが家に帰ってからの女の先生の話・身ぶりは一所懸命であった。

「おサルがさむいさむいと言いながら、ろばたに寄ると、パァンとクリがはじける。アイタ、イタアと水がめのところへ走って行って、やけどを冷やそうとすると、そこに隠れていたハチがブウンとおサルの頭をさす。アイタ、イタアと戸口にかけ出すと、のきの上で待ちかまえていたウスがドシインと落ちておサルを押さえつける。そこへカニさんがやってきて、つめをひろげて、おサルの首をチョキンとつみきりました。」

擬声語を前記のごとくまじえて、なかなかたくみであり、一年生の子どもたちは、授業の終わりにもかかわらず、一心に聞きほれていた。しかし、女の先生の全身の力をこめて、チョキインと、うでに力をこめてサルの首をつみ切った時のチョキンという女の先生の金属性のかん高い声がわたしの耳を刺激した。さらにその上にである。先生は、さあ、そこでカニさんは何と言ったでしょうという問いを発したのである。

もうそこまで言わさなくても、よいのに、このあどけない子どもたちにと、見学していたわたしは思っていた。そうした敵討ちのことばは「親のかたき思い知ったか」である。わたしは弱ったことになったぞと思った。

ところが、席の真中にいる、今でも印象に残っている、当時としてはめずらしい、青いジャケットを着て、おかっぱの髪のうしろをきれいにそりあげていた女の子が、手をあげたのに先生が指名したら、その女の子は、こう言ったのである。

みなさん、ありがとう。

瞬間、わたしは救われた、という思いと同時に、はっとして女の先生の顔を見た。先生は予想外の答えに、ぐっとつばをのみこまれた。（予想外の答えの時には、多くの先生はぐっとつばをのみこむのが、長年の経験によると通例である。そこで意地悪い言い方だがこのつばをのみこんだあとの先生のことばが、現在わたしの観察点の一つになっている。）

ところが、その女の先生は、「ほかにだれかありませんか。」と言わず、

そうそう、カニさんはそう言ってみんなにおれいを言いましたね。よかったですね。

と言って授業を終えたのである。

この予想外の答えに対して、自分の予想していた答えを、さっと捨てて、それを取りあげて授業の終わりとした。その女の先生の瞬間的決定は、今もまざまざと思い出すのである。〉（「国語教室の機微と創造」、昭和45年2月、明治図書刊、一二五～一二六ページ）

〈視学委員としての一週間、いろいろな授業を見せてもらったがその中でもっとも感銘の深かったのはこのサルカニカッセンであって、あれから四十数年後の今もなお忘れられないのである。一週間の任を終えて帰校し、校長室にあいさつに行った。始終わたしをかわいがって下さった橋本常彦校長（愛媛県立川之江高等女学校）はこんどはどんなみやげ話があるか、それを楽しみにしていると、いつもわたしを送り出してくれていたのである。〉（同上書、一二七ページ）

ここにも、古田拡先生の国語科授業把握への非凡な眼力を見ることができる。

「国語教室の機微と創造」が刊行された時、わたくしは著者である古田拡先生から拝受する栄をえた。〝国語教室の機微と創造〟は、書名として選ばれているが、古田拡先生の目ざしていられる国語教育学の中心課題でもある。

本書は巻頭に西尾実先生への献辞が掲げられており、次のように構成されていた。

序――呼びあうもの

前編

一　国語教室の空気の醸成とその原点

1空気とは何か　2空気をかもし出すもの　3機微ということ　4技術と人間

二　庖丁解牛章の教壇的意味

三　教室的時間

四　教室的時間と瞬間的判断の問題

1教室における呼びあい・呼びかわし　2三次元的呼びあい　3時々刻々に教材は変貌する
附録――座談会「魅力のある授業を考える」
（古田拡・青木幹勇・小山益雄・高島康子・野溝智雄〈司会〉）

これらによって、古田拡先生の求めようとされる国語教育学（それは国語教授学と呼んでもよい）の内実および構想のあらましをうかがい知ることができよう。

前掲事例「サルカニカッセン」は、右の後編五の2、「瞬間的決定のみごとさ」に引かれていたものである。

七　古田拡先生の国語科授業参観事例

古田拡先生には、さらに、次のような国語科授業参観事例もある。

〈わたくしには生涯忘れ得ない印象の深い授業参観がある。香川県の引田小学校で、ある女の先生の三年生の授業のことであった。教材は「一本杉」。

第一段落の大意は、

わたしは、村ざかいに立っている一本杉です。百年以上もここに立っているので、いろいろの人が生まれたり、死んだり、家が建ったりこわれたりしたのを見ています。

第二段落は、

東の村の人は、もう、一本杉のかたに日が沈むぞと言って、畑のしごとをやめます。西の村の人は、「いい晩だ。一本杉のふところから、お月さまが出てきたぞ」と言ってながめます。

というような意味のものであった。以下は略するが、第二段落のところは、その先生の指導案には、「一本杉を中心としての美しいけしきを読みとらせる」とあった。そして、「一、東の村から見たけしき　二、西の村から見たけしき」と順位をつけて書いてあった。わたしは、これはおかしい、本の叙述を見ればそうなっているが、「美しいけしき」の問いに対しての答えは、心理的に考えると、まず一は西の村から見たけしきであろうと思った。それは、一日のしごとを終え、夕食もすんで、のんびりした気持からながめるからである。が、児童はどう答えるだろうかと、わたしは実験的な気持でその授業を参観した。

はたして、第二段落の問答にうつると、「西の村から見たけしきが美しい」と答える。「ほかに」と言うと、やはり「西の村の人がお月様を見たけしき」と答える。先生は困って、「西の村からのはもうすみましたから、ほかに」と言うと、これは簡単な引き算のようなものであるから、「東の村から見たけしき」という答えになった。だからこの点においては、わたしの教材の読みかたのほうが、その女の先生よりも深かったといえる。

しかし、それ以上に、わたしは心を打たれ、とてもその先生にはかなわないと思ったことがあったのだ。それは、第一段落の問答を終えて、この第二段落の問答にはいったときである。先生が「ここに、美しいものはありませんか」ときく。すると、最前列にいた、色の青白いひよわそうな女の子が手をあげた。先生は「〇〇ちゃん」とその名を呼ぶ。その女の子は立って、「家が建ったり」、と答えた。その答えを聞いて、先生は「そうそう、この間、〇〇ちゃんのおうちは、きれいに建ちましたね」と言った。女の子は、うれしそうににこにこしながら、後ろを振り向いたりしながら腰をおろした。そこで、女の先生は、語を次いで、「今のは、第一段落にあったことですね。それでは、今度は、次の段を読んでみましょう。」と言ったのである。

授業後、その女の子のことについて聞くと、女の先生は次のように話された。

「以前はあの女の子の家は家庭訪問をするのにも気の毒で、行き兼ねるほどの小さな家でした。四畳半一間に六人家内というありさまなのです。ところが、その子の家は、この一週間ほど前、家を建て直しました。二間続きの小ぢんまりした家ですけれど、今度は屋根も前のわらぶきとは違って、瓦ぶきになっています。わたしはその子に、お喜びのことばを言ってあげようと思いながらも、きょうの研究会の準備やそのほかのことで忙しくて、機会がありませんでした。あの子は、それほどできる子ではなく、挙手もしたり、しなかったりなのです。ところが、きょうはうれしそうに手を上げたので、聞いてみますと『家が建ったり』でした。なるほど、自分の家の新築のうれしさがこういう答えになったのだなと思って、お喜びを言う代わりに、ああいう返事をしてやったのでした」

この話を聞いて、わたしは全く感動した。もしわたしがそのときの教師であったなら、「それは第一段のことではないか。今は、第二段のことを聞いているのだ」と、一言のもとに、切り捨ててしまったであろう。それを、この女の先生は、暖かくその答えを受けとめてやったのである。

次の学期になって、その学校に行ってみると、その教室にはいる前から聞こえていた子どもの声は、実に生き生きと、しかもまるみを帯びていた。多くの教室では、子どもたちは、ともすると、紋切り型の教室特有の声を出しているのであるが、やはり、こうした心づかいをする女の先生の担当であったから、そういう教室を作り上げたのであろうと思う。〉（「教師の話術」、昭和38年11月20日、共文社刊、六一〜六三ページ）

右の事例は、名著とうたわれた「教師の話術」に収録されている。「発問のし方・答えの受けとめ方」のうち、「児童・生徒の答えの波に乗ること」という見だしのもとに、この「家が建ったり」と答えた例が引かれているのである。こうした答えの受けとめ方に着目し、国語科授業のありかた、人間味ゆたかなありかたに迫って、その中核を的確におさえていかれるところに古田拡先生の本領がある。

古田拡先生は、別に「授業における問答の探究」（昭和38年10月、明治図書刊）をまとめておられる。「教師の話術」とほぼ時期を同じうして刊行されたのであった。

「授業における問答の探究」は、〝国語教室の創造のために〟という副題を持ち、一、問答を真の問答たらしめよ

二、国語教室の空気と全機現の問題　三、国語プログラム学習の問題点　四、話しかたと聞きかた　五、聞くことの意義　六、文法的耳の発達などを主要内容としている。古田拡先生の目ざされる国語教育学（国語教授学）の基軸の一つには、つねに問答法・発問法の実践的探究があるのである。

八　国語科授業創造への心がけ

古田拡先生は、同じく「教師の話術」の中に、みずからの国語科授業についての苦心のほどを、次のように述べておられる。

〈人間は、多くはみずからを欺いて暮らしている。教師もそうだ。ここでは教師の教壇上の問題に限って考える。わからないことはわからないこととして、いいかげんにごまかさずに、自己に正直になることである。これが教師の良心である。これは正直と勇気の徳を養うことである。「わからない」ことについては、「わからない」とはっきり生徒の前で言うこと、これは前のほうでふれたが、ここで述べようとするのは、さらにそれから先のこと、その「わからない」という疑問と、その解明への意欲をたえず持ち続けよということである。

先師芦田恵之助は「りっぱな授業をしようと思えば、不安をごまかさないことである。わたしを今日まで育ててきたのは、この不安の解明にあった」と言った。教師生活になれると、マナリズムに陥って、たとえ授業中おかしいなと思ったことでも、それをそのままほおかぶりして通ってしまうというくせになりやすい。芦田はそれを指摘したものだと思う。

それについて、今から考えると、みずから苦笑を禁じえない思い出がある。わたしの中学校の教師時代、こんなことがあった。漢文には、「スナハチ」がよく出てくる。特に、「即・則・乃」などがよく出てきた。「即」は「とりもなおさず」、「則」は「れば則、そのときは則」、「乃」は「のでスナハチ」と本にあったのを覚えて、それを振り回したものである。

しかし、わたしには「とりもなおさず」ということが、どういう意味なのかよくわからなかった。この「即」は小学校時代に先生からすでにそのままに教わっていたのだが、その「とりもなおさず」の語義については、どういうことかわからないままだったのである。小学校当時、教科書にあった文語体の文章を口語体に訳すときなども、友人が「即」を「とりもなおさず」とすらすら言ってのけるのを聞いては、「あれはわかっているらしい。えらいものだ」と、心ひそかに感心していたものである。ところが、中学の教師になっても、このことはまだわからない。が、漢文の時間、まず生徒に通釈をさせてみると、かれらも必ず「とりもなおさず」とやるのである。今から考えると、小学校からの口うつしに違いなかったのであろうが。

ある晩のことである。あす教える漢文教材に、また「即」が出てきた。わたしはそのころ、国語の古典も漢文も、できるだけその文意を汲みとって、生き生きした日常のことばに直して通釈するという努力をしていた。だから、わりあいに生徒は、その通釈を喜んで聞いてくれたと思う。――これは小学校時代の二名先生の文語文の通釈をひじょうにおもしろく感じていたことの影響なのであろう。

しかし、やはりいくら考えても、「とりもなおさず」はわからない。ところが、散歩に出て、今でも忘れないが、小川のところの橋にさしかかり、ちょろちょろと涼しい音をたてて流れている水音を聞いたとき、「あ、そうか」とわかった。字義通り、渙然氷釈の思いであった。翌日は、学校へ行く足どりもさっそうとしていた。そして、漢文の時間のくるのを待ちかねた。

当時の漢文の教授は、まず生徒に音読させ、次に通釈させ、のちに教師が一節ずつ音読しては通釈するという古いやり方であった。さて生徒の通釈のとき、はたして生徒は「即」を「とりもなおさず」とやった。

「ちょっと待て。『とりもなおさず』というのは、どういうことか」

と、わたしは待ちかまえていた問いの矢を放った。

「『とりもなおさず』は『とりもなおさず』です」

「ばか言え。もっとはっきり説明してみよ。なぜ『即』を『とりもなおさず』というのか」

これにはいたずら盛りの生徒も、行きづまってしまい、しまいには「わかりません」と大声を発して、腰をおろす。「だれか言える者はないか」と、言ってみても、だれも挙手するものはない。

わたしはおもむろに、教卓の教科書を取りあげて、斜めに置いた。

「おい、ぼくのほうをよく見ておれ。今、この教科書が曲がって机に置かれているから、こう取ってこう直す」

と、教科書を取り上げて、正しく置いた。

「ところが、こう正しく置かれていると、『取り』も『直さなく』てよい。このままでよい。だから『とりもなおさず』、すなわち（に力を入れ）『即』は『そのまま』とか、『このまま』とかの意味だ。この間、汽車と衝突をして即死したという新聞記事があっただろう。衝突！　そのまま死ぬ。これが『即死』だ」

と、昔からちゃんと覚えていたような顔をして、得意そうに教室内を見廻したものであった。

思えば、わが愛すべき青年教師時代よと、微苦笑もされるが、しかし、なぜあのころ思い切って、先輩同僚に「とりもなおさず」の意味を聞くことができなかったのであろうか。当時同じ教科の教師は、めいめい高い壁を廻らして、他にものをきくということをしなかった。それはおのれの学力の程度を知られるからである。このごろ同じ教科の若い先生たちが、教材の共同研究や、またあるテキスト会読などをやっているのを見るたびに、うらやましいことだと思う。考えてみれば、わたしはなんという下根の生まれであったろうか。〉（同上書、一二三～一二六ページ）

古田拡先生は授業創造への心がけとして、みずからの不安を不安とし、不安の解明に積極的に取り組んでいくべきであると、実際の具体事例を挙げつつ強調していられるのである。

ここにもまた、古田拡先生の国語科授業創造への基本態度が見いだされる。

九　国語科授業創造のくふう

古田拡先生の主著に「聞くことの教育」（昭和27年2月15日、習文社刊）がある。これは古田拡先生がうちこんで新しく開拓された領域の研究成果である。本書は、先師芦田恵之助先生に捧げられているが、その「むすび」の章には、芦田恵之助・古田拡おふたりの教材「はごろも」にまつわる事例が収められている。〈芦田恵之助先生は、「わたしの教壇を今日までに育ててくれたのは、むろん諸君の力や、こどものおかげもあるけれど、不安をごまかさなかったという一事に尽きる」とおっしゃられたことがある。先生ご自身の教育者的良心の声に耳を傾けられたのである。

その例を一つ。

尋常小学国語読本の時代、今から二十三四年前（引用者注、昭和二六年ころから数えて）のことである。先生は当時、その読本の「各課取扱いの着眼点」という指導書を出していらっしゃった。題は、取扱いの着眼点だが、この課はどこが主眼なのか（教材の研究）、これを、こどもの上に持って行って、学習意欲をよびおこし、自覚的立場にまで、すなわち、各自の生の上にその教材の意義を定着せしめるにはどうしたらよいか（指導技術の研究）、を書かれたものであった。私も大へん教えられた。

二年生の中に、「はごろも」があったが、先生はこの文の着眼点を天人の無抵抗主義の美しさとしておられた。

そしてりょうしの「ああ、はずかしいことを申しました」のところへ着語せられて、（もうおそい）と書かれているのである。先生は天人の美しさにくらべてりょうしの醜さに腹立てておられるのである。しかし、わたくしは、このりょうしのことばに、人間性を見たのである。だれでもここへよみ到れば、ほんとうにからりと天地がひらけるような気になるのである。教室にのぞんで見ても、いつもこのあとから、こどもの読み声が俄然変って来る。もちろん、天人が天に帰れるのに対するよろこびもあるのであろう。だから、「天人はそれを着てまいはじめました」とあるそのつぎの「はごろもの色は日の光にかがやき、はごろものそでは、かるく風にひるがえりました」のところは、いかにも声が張り切り、教室がさえざえとするのである。これは、「はごろもの……はごろもの……」と、明るい「は」がはじめに出て来て、対句をなしている音韻のためもあると思うが、この「ああ、はずかしいことを申しました」という、「いいえ、天人はうそをいいません」に照されて洗浄されたりょうしの心、それは、よむものにもうつっている、その心からよむこのはごろものけしき、その心からながめる天人のまいなのであろうと思う。また、この課の「はごろも」はもちろん謡曲「羽衣」からとられたもので、ここの個所は、

天にいつはりなきものを／あらはずかしや、さらばとて

のところなのである。しかし、このことばは本作者、世阿弥の創作なのである。たしか近江風土記にはこの羽衣をとりかくした老人がうちの子になれ、ではなりましょう、だから羽衣を返して下さい。いやそれを返したら天に上ってしまうだろうというと、天上以《テ》レ信《ヲ》為《ス》レ本《ト》。人間何多《クシテ》レ疑寡《キ》信哉　というと、老人は、けろりとして、多レ疑寡レ信者人間之常也　と答えているのである。けろりというのは原文には無かったが、この答を読むと、けろりという風に読まざるを得ない。ところが、世阿弥になって、はじめてこうなっているのである。世阿弥は、この近江風土記をも素材としたのにちがいない（天にいつわりなきものを）は、以信為本を（いつわりなき）と訳し、人間何多疑寡信哉を（ものを）と訳したのである。じつにたくみな訳だと思う。さてこれは原文をそのまま取って訳した

のだが、それに対するりょうしの答は、かの老人のとはすっかり天地のちがった答をさせているのである。

だから、わたくしは、うけとるこどもの声から考えても、原典の謡曲「羽衣」から考えてみても、「ああ、はずかしいことを申しました」は、「もうおそい」という先生のお説には承服はできなかった。それで、もし先生を尊敬するのあまり、この指導書を参考にする全国多くの人々が、そんな指導をせられては大へんなことになるから、再版の場合は、ぜひ訂正していただきたいと手紙で申し上げたところ、先生は、これを公明に先生編集の「同志同行」誌に掲載せられたのである。頭が下った。

ところが話はこれからである。その頃、わたくしは愛媛県の川之江高等女学校に勤務していた。するとこの事あって大方半年もたったと思う。先生は北海道の教壇行脚から各所を南下せられて、愛媛に入られたが、川之江へは帰りに寄られるというので二時間ほど途中下車をせられた。駅までM君という同僚とお出迎えして、校長室へ御案内しようとした時、

「君、あのはごろもねえ、はじめて北海道でうまくやれたよ」とおっしゃるのである。

「あのはごろもですか」

「そうだ、あれがね」とおっしゃりながら、校長室に入りお待ちうけしていた故橋本常彦先生に御挨拶せられてしまうや、すぐその話のつづきにうつられたのである。

「君にああ言われたので、ぼくの間ちがいはよくわかったのだけれど、本来、ぼくは頭が鈍いのでどうしても腹の底までしみわたって来なかった。それで、ところどころで「羽衣」をやらされたが、前のままでぼくはやらせてもらっていた。」

この「やらせてもらっていた」は今も耳に残っている。いつまでも残っているだろう。

「ところが、こんど北海道の旭川（だったか、この所はもはや記憶不たしか）で、これをまたやらねばならぬことに

なった。ところが、その朝、顔を洗っている時に、何となしに、わかったような気がして来て、今日はやれるぞという気になった。さあそうなると、指導の点でははばかりながら君などよりは、こちらがお手のものだ。その手順を考え、はじめよい天気のところのりょうしの心を○であらわして板書して、この時はきれいな心であったか、なかったかを問い、きれいだったたの答を得て、この○はきれいなまる、『とってかえってうちのたからにしようのところは？』『きたない。』『よし。』それで、○を濃くぬりつぶす。つぎの『□のたからにします』は？　『やはりきたない。』『すこしきれいな』の二答を得たから後者であることを教え○の中をすこしうすくぬる。『あまりおかあいそうですから、はごろもをおかえしいたしましょう』のところは？　『きれい。』『そうだ。』○、『はごろもはおかえし申しますからそのかわりに天人のまいをまってくれは？』『すこしきたない。』『よし、』すこしうすく○をぬる。『はごろもをおかえししたら、まわずに天へかえっておしまいになるでしょうは？』『これもきたない。』『よし、』またぬる。では『ああ、はずかしいことを申しましたは？』『きれい。』『ただきれいなのか。』『大へんきれいな。』『そうだ、はじめ天気のよい松原を通りかかった時のきれいなのとは？』『こちらの方がずっときれい。』『よしそのとおりだね。先生もそう思う。』と運んで行って、そこにきれいな○を書き、さて天人がまいはじめた時、ぼくは、『松原の上をだんだん高くまいながら、ふじの山よりも高い大空のかすみの中へ……』ところを口でいいながら、こうっと」

と先生は右手をさし出されて曲水型の線を空中にえがかれながら

「まう形をしめしながら、ふじの山よりものところへ来たとき、級のすみに居た子がきれえだなあとびっくりするほど大きな声を出してね……」

そのあとはどうだったか、級全体がどうであったか、忘れてしまった。しかし、びっくりするほど大きな声を出したのなら、級全体しんとして、先生の指先を見つめていたのにちがいないのである。しかし、ただ、指先一本である。画でも、映画でも、劇でもないのである。それをきれえだなあと叫ばしめたのは、思うに、先生、半ヶ年間の欝積純熟による力によると思うのである。先生がおっしゃるには、君の手紙を「同志同行」誌に出したから、みんな、あれから芦田はあそこをどうやるだろうと思ったのか、よくはごろもをやらされた。しかし、理くつではわかっていても、全身的に納得できないとどうしてもやる気になれん。といってあれがまちがいであったということはちゃんとわかっている。わかっていながら、そのとおりにやれんというくらい寂しいことはないと先生はおっしゃられたのである。

頭ではわかっていても、臍落ちがしないうちはやれないという、まことに魯鈍といわれるまでの正直さ、それがこうした教室現象を産み出されたのである。

この耳、わたくしの抗議をすなおに聴き入れて下さった耳、それがことばに出るまで半年間かかったというおよそ口耳三寸の学とはちがう現代ばなれのした話ではなかろうか。聞くにもこんな聞くがあるのである。〉（「聞くことの教育」、二二一～二二七ページ）

ここには、芦田恵之助・古田拡両氏の国語科授業創造へのきびしい修練（精進）の一端がうかがわれる。古田拡先生の自他の授業のとらえかた、述べかたは、ここにも典型的な事例をなしている。

古田拡先生は、国語科授業そのものに即して、つねに授業のありかたを凝視し、問題点を見のがされない。古田拡先生のばあい、国語科授業のありかたは教材研究のありかたであり、発問のありかたでもあった。

一〇　国語教育遍路

古田拡先生は、その著「授業における問答の探究」において、「わたしは芦田によって国語教育者としての自覚を与えられた。そして、わが生涯は『このひとすじにつながる』ものとなった。」（同上書、二一〇ページ）と述べておられる。昭和三年（一九二八）一二月、古田拡先生は初めて芦田恵之助先生に会われたのであった。（この年は、大村はま先生が信州諏訪高女に赴任され、国語科教育に取り組まれた記念すべき年でもある。）

古田拡先生は国語科授業の創造をひたむきに求めて、その生涯を現在までひとすじにかつゆたかに順礼してこられた。それは文字どおり〝国語教育遍路〟と呼ぶにふさわしい。先生のばあい、〝同行二人〟は、だれとだれとを指しているか。実にさまざまにゆたかなのである。国語教育遍路に向かわれるその後姿にわたくしどもは永遠の求道者を見いださずにはいられない。

Ⅳ　国語教育論の生成と深化
――石森延男先生と国語教育

石森延男先生は、
わが国における近代国語教育の本流に棹さしつつ、
独自の仕事を
たゆむことなく集積された。
その足どりの純粋さ・確かさが
わたくしども後につづく者を
きびしく励ましてやまない。

一　石森国語教育論の原郷

石森延男先生の「略年譜」（「石森延男児童文学全集」第一五巻所収）には、
一九一一（明治四四）年　一四歳
一月一七日夜、母病没。月光雪に青い夜道をひとり歩いて月寒の姉安代に訃を告げる。徳富蘆花の『自然と人生』島崎藤村の詩などに触れ、はじめて文学らしきもののたのしさを知る。

とあって、明治四四年という年は、先生にとって比類のないほど重くだいじな年であったと推察される。

徳富蘆花の「自然と人生」との出会いについては、石森延男先生みずから、次のように回想して述べておられる。

〈ある日、茶碗谷先生（引用者注、石森少年が高等科二年のとき、教育実習生として来られた先生、名前は徳次。）に、その読まれている本は、なんというのか、たずねると、（引用者注、昼食後、茶碗谷先生が、朗読をしてくださっていたのである。）

「これか、これはな、『自然と人生』という本だ。徳富健次郎先生の書かれた本だ。」と教えてくれる。

わたしは、父にねだって、その「自然と人生」という本をさっそく買ってもらう。（引用者注、父上は、石森和男、国文学者、歌人でもあった。）

わたしが単行本なるものをはじめて手に入れたのは、このときである。うれしくてならず、ふところにしのばせては、ひまがあればページをめくって愛読した。ふところというのは、和服に、はかまという服装で通学していたからである。ふところでは、落ちそうなので、あとでは、母にはかまの内がわに袋をつけてもらって、そこに入れていた。

ある日、茶碗谷先生が、

「おまえたちは、日誌をつけているか。」

とたずねられた。だあれも手をあげない、つまりつけていないのだ。

「では、日誌をつけたまえ。毎日、たいへんだから、日曜ごとにつけたらよろしい。名づけて日曜日誌とするがよい。」

そこで、わたしは、さっそく日誌帳を作った。半紙をとじて、それに細い筆で書くのである。いまのように万筆があるでなし、ボールペンがあるのではないからやっかいだ。

日曜の夜に書いた日誌を月曜の朝、もっていくと、茶碗谷先生はすぐごらんになって、朱筆で丸を月日の上につけてかえされる。たとえ小さな丸でも、それがじつにうれしい。

教育実習の期間がおわりになって、いよいよお別れのときがまぢかになる。

茶碗谷先生に出した最後の日誌を見ると、つぎのようなことを書いてある。

十月一日　くもり
「暖き布団をはね起きれば、早や已に五時半。冷気身に泌みわたる。冷水もて顔を洗ひぬ。今日は手不足のため自から飯をたく。

空の模様、曇にして曇にあらず、晴にして晴にあらず、雲の往来ただならざりき。

九時ごろ、よく書斎を整頓し後、紙門《からかみ》を張り、十二時すぎに終りぬ。このときは、已に晴は負けて、曇勝ちぬるこそうたてけれ。

午後友人北郷君来り遊ぶ。一時晴れて太陽の光線薄き絹を、透して、地上に投げ出す。まもなく光失せて灰色の天地となりたり。

日も暮なんとすれば夕飯の仕度にとりかかる。弟邦男菜を取り来る。

後庭の葡萄いよいよ黒うなりぬ。右手の海棠ますます赤うなりぬ。これ吾庭の秋の飾り。

庭のくさむらのをちこちにきりぎりす鳴きいでて暮秋の曲を歌ふ。

嗚呼あはれ、嗚呼悲し。後八時半就褥。」

この日誌のあとに、茶碗谷先生は、つぎのような評を赤ペンで書いてくださった。

「君は我級の徳富健次郎先生だ。君の文章の愛読家たる僕は、今日からあと君の文章を読む機会がないのを想うと、なにより悲しい思いがする。僕はこののち君らと会うことがないにしても、君らが如何に変わりゆくかを常に思っていることであろう。どうぞ素直に伸びてください。」

わたしはこれを読んで飛びあがって喜んだ。もちろんこの評はオーバーなほめかたであるが、日ごろ崇拝おくあたわざる徳富健次郎先生だといわれたことが、まるで天にものぼったように感じた。

うちに帰って、さっそく父に日曜日誌を見せると、

「あ、そうか。」

と、これもまた、ひと口いったきりである。

こんなことで別れた茶碗谷先生が、いよいよすきになった。

この日曜日誌は、すでに、半世紀以上の年月をへているが、いまもなお、わたしの書斎のつくえのひきだしにしずかに眠っている。〉（「石森延男児童文学全集」第一五巻、七一～七三ページ）

ここには、石森延男少年の国語学習の一面があざやかに描かれている。そこには近代国語学習史上、典型的な事例が見いだされる。石森延男先生は、〈もしわたしが文学などというものを知るようになったとすれば、その種をまいたのは、茶碗谷先生であると思っている。〉（同上書、七三ページ）と述べておられる。

前掲「略年譜」に、〈一月一七日夜、母病没。月光雪に青い夜道をひとり歩いて月寒の姉安代に訃を告げる。〉とある、母上のことについては、「母なる人」（昭和49年5月12日、女子パウロ会刊）にくわしく述べられている。石森延男先生は、みずから、〈いずれにしても、わたしの書いた作品には、母を思慕する情と、ふるさとの自然に抱かれたい願いとが深々とひろがっているようだ。〉（「近代国語教育のあゆみ(2)」、昭和45年11月、新光閣刊、一七〇ページ）と述懐しておられる。

ここに、石森延男先生の国語教育の精神的風土の原郷を見いだすことができる。

二　石森国語教育論の原型

石森延男先生の本格的な国語学習・国語科教育の道は、まず、札幌師範学校入学（大正二、一九一三）→札幌師範学校卒業（大正六、一九一七）→札幌市北九条小学校に赴任→東京高等師範学校〈文科第二部、国語・漢文専攻〉入学（大正八、一九一九）→東京高等師範学校卒業（大正一二、一九二三）→愛知県成章中学校に赴任→香川県師範学校に転任（大正一三年八月、一九二四）→南満洲教科書編集部（大連）に転勤（大正一五年一月、一九二六）→大連民政局地方課学務係に勤務（昭和七、一九三二）→大連弥生高等女学校に転任（昭和一一、一九三六）→文部省図書局に転勤（昭和一四、一九三九）と、たどられる。その道は、初等教育・中等教育の教師への最も恵まれた道程であり、しかも小学校・中学校・師範学校・高等女学校とひろくゆたかな教育実践の場をつらねたものとなっている。

この二六年間のうち、前半の一〇年間に、石森延男先生の国語教師として限りなく伸びていかれる基礎が固められ、後半の一六年間（東京高師卒業後）に、国語教育の実践・研究の独自の活動がくりひろげられ、それ以後のご活躍の源泉が準備された。

とりわけ、大正一五年（一九二六）四月、大連（満洲）に渡られてから昭和一四年（一九三九）三月、大連を引き揚げられるまでの一三年間の仕事はめざましく、1国語教科書の編集、2児童読物・読物雑誌などの創作・編集・刊行、3童話・童話集の創作・刊行、4「谷《たに》廼《の》葦切《よしきり》」（父上の遺稿集）・「母の思ひ出」の自費出版、5国語教育の実践的原理的研究、「綴方への道」（昭和10年11月19日、啓文社刊）と、およそ五領域にわたって、石森延男先生ならではの業績が多角的にいきいきと積まれている。この五領域の仕事は、後年それぞれ五つの河の流れのようにたゆむことなく発展させられ、多くのみのりをもたらすものとなる。

五つの領域のうち、狭義の国語教育にかかわるのは、「綴方への道」（石森延男国語教育選集第一巻所収、以下選集とのみ記す）である。石森延男先生のこの方面の処女作「綴方への道」が、戦前のわが国語科教育の実践・研究の最も高潮した時期と目される、昭和一〇年（一九三五）に誕生しているのも、偶然とは思われない。

この書物は、石森延男先生が、綴り方教育について求めぬかれたところ（到達点）を、N兄（当時、成蹊学園におられた西原慶一氏）にあてた六つのたよりとして書信風にまとめられている。

本書の「序」に、石森延男先生は、次のように述べておられる。

〈やゝもすれば、綴方科教授は、文学がわかつた師によつてのみ受持たれたり、創作のできる師がよき教授者であるかのごとく思はれたりしてきた。自分は、綴方教育といふものは、そんな狭いものではなくて、師であれば、どの師によつても、それぞれ価値づけられ得るものであると信じることが、この新らしい方角発見の緒となつた。私は、全国何万の小学校の師のために、その膝もとにまつはるいたいけな児童のために、あへてこの活路を示すのである。〉（同上書、「序」、三ページ）

ここに述べてあるのは、石森延男先生の国語教育研究の基本姿勢そのものでもあった。先生のばあい、つねに専門的形骸化・末梢的瑣末化を戒められ、平明で具体性があり、実践へのよき手びきとなりうる探索がなされる。数多くのむずかしさをかかえる国語教育への「大道」・「活路」がたえず求められ、それへの針路がねんごろに示されるのである。

「綴方への道」は、石森延男先生の全力投入の述作であるが、綴り方教育についての原理と方法、体系と系統、精神と技術がこまやかにかつ具象的に説かれ、石森国語教育論の原型となっている。時に、石森延男先生は、三八歳、多くのものがここに結実し、いつまでも色のあせぬ、個性的なものが息づいている。

石森延男先生は、やがて、「わが作文教育」（昭和28年9月15日、修文館刊）・「作文二十話」（昭和34年9月10日、近代社刊）をまとめられる。「綴方への道」は、戦後に至っていっそう生成発展の道をたどり、石森延男先生は、作文教育界に終始ともしびを掲げて、そのゆくべき道を照らされた。

三　石森国語教育論の骨組み

昭和一四年（一九三九）四月、文部省図書局に図書監修官として転勤され、第二次世界大戦・太平洋戦争を経て、敗戦後昭和二四年（一九四九）五月、退官されるまでの満一〇年間は、国全体にとっても、石森延男先生個人にとっても、最もきびしくけわしい難路のうちつづいた時期であった。

この間、石森延男先生は、国定国語教科書第五期国民学校用の国語読本の編修にあたられ、戦後は、昭和二二年版学習指導要領「国語科編」の作成や最後の国定国語教科書（小学校用一八冊、中学校・高等学校用各九冊、計三六冊）の編修に携わられた。終戦直後、暫定本教科書を手がけられたことはいうまでもない。

石森延男先生が国語教科書編修を通じて、戦前・戦後両時期を裂こうとする未曽有の変動に、わが国語教育を守りぬかれたご心労のほどは察するにあまりがある。とりわけ、被占領下の六年間のことは筆舌に尽くしがたいものがあったにちがいない。

石森延男先生は、この間のいきさつを、「国語教育の回顧と展望」（国語教育講座「国語教育問題史」所収、昭和26年7月10日、刀江書院刊、選集第五巻収載）に、くわしく述べられ、さらに、「占領下のころ」（雑誌「言語生活」昭和40年5月号）にも、具体的に記されている。

終戦直後、被占領下に、国語科そのものを存続させ、その再建をはかるにあたって、身を挺された石森延男先生は、当時を回想して、次のように述べておられる。

〈それにしてもこの六カ年は、きびしい国語教育の変転であった。その間、わたしは、輸血のくだになっていたようなものだ。時にはその温度を持ちつづけようと生命をかけた。今日、どうやら講和となり、日本も独立国になる。といって、これまでにせっかく進めてきた国語教育を感情的に逆にひきもどすようなことをしたくない。おおらかな、態度でよきをとり、敢然とあしきをすてて、ほんとうに正しい道を堂々と進みたい。〉（同上書、一一ページ）

危殆もしくは破滅に瀕していた、終戦直後のわが国語科がかってないきびしい情勢下に戦前からの伝統を継承しつつ、新しい道を踏み出すことができたのは、石森延男先生の尽力によるところが大きい。そのことは、国語教育史上、銘記されるべきご功績である。

これよりさき、石森延男先生は、「国語教育の門出」と題する、みずみずしく示唆に富む論考を、雑誌「教育研究」（昭和21年7月1日、復刊第一号、初等教育研究会刊）に寄せておられる。いま、その中から、注目すべき説述を、いくつか抄出すると、次のようである。

1〈テツチヤン（引用者注、石森先生の友人の長男、幼稚園の卒業式に、友人の代わりに出席されたのである。）は、席から出て、四歩ほど前に進み出た。（引用者注、テッチャンは、卒園証書をいただく総代なのである。）園長さんから、まさに、免状を受けとるところまできて、

「あ、まちがつた。」

と大きな声を出して、さつさと走るやうにして、自分の席にもどつてしまつた。さうして、初めから、やりなほし

たのである。こんどは、うまくいつたらしく、無事、園長さんからうやうやしくいただいて席につき、ほつとしたやうな恰好をした。

私は、この一園児に教へられた。テツチヤンは、おそらく、前から先生方によく教へられてゐた作法を何度もおけいこをしてゐたにちがいない。それを、しつかりとおぼえてゐたのだらうが、いざといふ時に、幼な子らしいのぼせのためか、つい失念して、まちがつたのであらう。それが、前進の歩数、四歩のところを五歩いつたのか、かるくえしやくをするのをしなかつたのか、左まはりを右まはりにとりかへたのか、私には、わからない。いや、参列をしてゐた凡ての人にわからないにちがひない。

けれども、テツチヤンにしてみれば、先生におそはつた作法を、まちがへたことに気づいたわけである。大人たちならば、その場を何とかして、とりつくろつて、すませてしまへないこともないだらうが、テツチヤンには、そんなことは思ひもつかなかつた。

参列者に誰がゐようと、父兄が何人、注視してゐようと、誤りは誤りとして、これを正さねばならなかつた。さうするより道はなかつた。敢然と「あ、まちがつた」の声とともに、廻れ右をして、堂々とやりなほしたのである。

私は、美しいものをみせられたやうな気がした。清らかなものをまざまざと、この目に示されたやうな気がした。すなほだからこそある勇気である。服従に徹したればこそ、こだはりのないおほらかさではないか。〉（同上誌、八～九ページ）

2〈日本は、何かにつけて、しくじりをしてきた。まちがつた道を踏んできた。その中でも、一ばん大きな間違ひは、教育事業であつたらう。学制発布とともに、学校は、津々浦々にたてられ、教科書は、一人一人の手にわたつたが、何よりも大事な心のおきどころに、はかりしれないあやまりの洞穴があつた。
うつろな心で、ひん曲つた考へ方でむり押しに押して来た。教へる方も、教へられる方も、このうつろに気づかずに、何十年も、うかうかと暮してきた。そのうかうかと、踊つて来た教育事業のあやまちが、「敗戦」といふおごそかな形によつて目の前にさし示されたことになる。いいかげんに、つぢつまをあはせたり、一時を糊塗したりして、真理探求に面をそむけて怠つて来た過去の総決算が、いたましくもみじめな「敗戦」を招いたといつてもいい。

（一段落略）

園児が、免状頂戴の作法を間違つて、これを衆人環視の中で、何のわるびれもせず、むしろ欣々として改めたやうな、あの態度で、日本人一人一人が、やりなほす時ではなからうか。衆人環視どころか、今や、世界の人々が、みなわれわれ日本人の一挙手一投足を見守つてゐるのだ。ここで改めずして、いつの日に改めるといふのであらう。〉（同上誌、九ページ）

3〈敗戦後、記念すべき第一年目（引用者注、昭和二一年、一九四六）の新学期がもう開始されてゐる。はたして、教育実際家は、この気がまへと、謙虚さと、希望とに満ちてゐるだらうか、いや、持つてゐることを信じたい。持たねば、教壇上に立つことは、新しく生れでる児童に対して冒瀆とさへ感じられる。

たとへ、貧しいながら、師自らの信念をしつかと胸ふかく抱くべきである。ゆるぎなき目標に向かつて勇しく出発すべきである。この情熱あつてこそ、児童の生活は救はれ、児童を通して、その父兄の生活に光明がさしこみ、ひろく一般の世の中が、少しづつ正しく、明かるく、豊かな姿に成長していくと念ふ。

国語教育も、いふまでもなく、新出発である。さらりと殻からぬけだして、新鮮な空気に羽をふるはせて、宙に舞ひあがる若き蝶になつて、輝しい国語教育道を拓くべき時にさしせまつた。〉（同上誌、九ページ、傍点は引用者。）

4〈よく地方の教育者たちから、「今後の国語教育の目標いかゞ」とか、「今までと変りはないか」とか、「教材の取扱ではどうするか」とか、「民主主義的国語指導形態はどんなものか」とかいふ質問が送られてくる。私は、これらの多種多様な質問に、一々答へるだけの余裕のないために返事もできないのであるが、しかし、前述のやうなこの大きな変革の時流（激流で、ともすれば押し流されさうだ。さうして溺れさうである。）を、一見すれば、国語の教育は、どうならねばならぬか、さしあたりどんなことをしなければならないか、国語教材の意味はどうか、したがつて、その取扱ひは、どう行はれねばならないかといふことが、おぼろげながら判断されると思ふ。

　われわれ（引用者注、国、文部省の側）の方から、この教材は、こんな趣旨であり、この取扱ひは、かうだといふやうな案内を示さなければ、安心できなかつたやうな過去の教育実際では、もう、間にあはなくなつてゐる。外から示されたことに、ただ異議もなく従つて、形式的に、通り一遍の扱ひをしてきた誤つた国語教育では、どうして、今後の生きた「日本語」を養ふことができよう。どうして、「ことば」の命を新しく捉へることができよう。〉

（同上誌、九ページ）

5〈国語教材といふのは、たまたま、真実なる実生活をいとなましめるための、師と弟子との橋渡しにすぎない。国語読本のみによつて、どれだけの「ことば」が養へるであらう。在来の国語読本（全一六冊の文章をみなよせ集めても、せいぜい新聞一頁あまりにしかならない分量、こんな微々たる分量）で、どうして思想、感情のけんらんたる少年時代の心情を満足させることができよう。就学前すでに、その人の一生かかつて得ることばの三分の一をのみこんでしまふほどの吸収力のたくましい児童期に、九牛の一毛にも足らぬ国語読本などは、分量からいつても、たわいもないものである。

問題は、この僅少な国語教材をいかにして、児童の実生活圏内に位置づけをし、価値づけるかにある。〉（同上誌、九ページ）

この論考には、石森延男先生の国語教育観・国語教育論が濃縮されている。

1　児童・幼児の言語生活・言語行動の的確な把握・洞察

2　在来の教育実践におけるうつろへの批判・論及

3　国語教師論――指導者のありかた

4　国語教育における自主性・主体性の確立

5　国語教材論――国語教材をいかにして児童の実生活圏内に位置づけ、価値づけるか

以上、どの項の問題についても、一つ一つ石森延男先生らしい鋭く確かな切りこみがなされている。

1　子ども（児童・生徒）の言語生活・言語行動を、どのように見ぬき、どのようにとらえていくか。この分野での石森延男先生の眼光は鋭く、発見はゆたかである。いくつも含蓄に富む具体事例がいきいきととらえられ、具象的に述べられている。随想系列・物語系列、ともに数多く、それらは石森延男先生の最も得意とされる、個性的な方法の一つともなっている。

2　教育・国語教育がともすれば陥りがちであり、はまりこんでしまいそうになる、空洞化・形骸化・瑣末化に対して、石森延男先生は、最もきびしい批判をされる。みずからは決してその轍を踏まれない。教育・国語教育の実質そのものを、巨視・微視両面にわたって求めようとされる。純粋で個性的な、内容のゆたかな国語教育の理論と実際は、そこに生まれる。

3　国語教育の担い手としての教師のありかたを、石森延男先生は、どこまでも求められる。作文教育の実践

は、まず師自身の書くことの修練から始められなければならない。

石森延男先生は、このことに関して、次のように述べておられる。

〈子どもはともかく、まず教師自身がものを書くことに興味をもってもらいたいと思う。書くことに愉しさをもつことができたらもう教師として、その資格の半分をそなえたものと思う。わたしが国語教師になるからには、子どもの喜ぶような作文ぐらい書かなくてはと、発心して書きはじめたのは、高等師範時代の学生のころだった。葛原しげるさんに見てもらったり、小川未明さんや千葉省三さんにいろいろみちびいてもらったりした。いままでに、いくらかの童話や児童文学めいたものを書いてきたが、これはみな国語教師だからというけいこにすぎない。わたし自身は作家などとはちっとも思ってもいない。書くことをこれからも続けていこうと思うが、それはやはり国語教師として、すこしでも作文能力を身につけたい念願からである。〉（「国語教科書と児童文学を育てて――石森延男の人と業績――」、「近代国語教育のあゆみ(2)」所収、昭和45年11月、一四五ページ　選集第五巻収載）

ここには、石森延男先生の内部に、国語教育と児童文学とが、どう位置づけられているかが、明確に述べられている。国語教師としての精進のほどが改めてうかがわれる。ここにこそ、石森延男先生の国語教育論のわかわかしさと真実性とが見いだされる。

4　生きた「日本語」を養うこと、「ことば」のいのちを育てること――石森延男先生の目ざされる国語教育である。それが深い人間愛に根ざしたものであることは、いうまでもない。実生活に生きてはたらく、ほんものの国語能力の習得がたえず求められる。石森延男先生の話すこと・聞くことの教育論は、いつも根幹をここに置いて、組み立てられている。

5　戦前・戦中・戦後を通じて、国語教科書・国語教材・読物教材の産出・編修に渾身の力を傾けられた石森延男先生自身が、その役割・限界・課題を冷厳に見抜いておられる。その洞察力・批判力が石森延男先生の国語教育論を理性的なものたらしめている。

四　戦後における石森国語教育論の展開

昭和二四年（一九四九）、石森延男先生は、国語教育関係の書物二冊をまとめられた。すなわち、「国語学習の入門」（昭和24年6月11日、金子書房刊　選集第二巻所収）・「国語教育諸島」（昭和24年4月20日、中央社刊　選集第二巻所収）の二つの述作である。いずれも戦後の国語教育のありかたを求められた記念碑である。国語学習における準備、指導のしかたをはじめ、国語教育の進めかたがやさしく心をこめて述べられている。

石森延男先生は、「国語教育諸島」の「あとがき」に、次のように書きつけておられる。

〈いかなる教育理論も、教育思潮も、計画も、子どもを一歩でも高めるのに役だつものでなければ、それは無用の長物である。その師が、わが生きた子どもに適用できぬようなものは、いかに科学的な精密な理論でも、空論にひとしい。

ほんとうに正しい教育理論原則は、教師が目の前の子どもたちの中から、つかみとってくるものなのである。たとえそれは、微細なものでも尊い力なのである。遅進児も、薄弱児も救われるような力でありたい。

一人でも幸福になれる道ゆきでありたい。

師みずからも、安んじ、たのしめるような行路でありたい。〉（同上書、二六七〜二六八ページ）

これは石森延男先生が国語教育の実践・研究をつらぬく信条として抱懐されていたものである。

昭和二四年（一九四九）六月六日（月）、わたくしは、広島市比治山学園女子高校の講堂で、石森延男先生の講演を聴く機会をえた。すでに、昭和一七年（一九四二）五月五日、「綴方への道」を読んではいたが、著者石森延男先生のお話を直接聴くのは初めてであった。上衣をとられ、ゆっくりともの静かに新しい国語教育の道を話されたのが印象に深く刻まれている。

爾来、石森延男先生は、三〇有余年にわたって、およそ一〇年ごとに、国語教育の研究を、いっそう広げかつ深めていかれた。

Ⅰ　昭和二四年（一九四九）～昭和三四年（一九五九）――国語副読本刊行・国語教科書編修・国語教育研究・児童文学創作など、いずれの面でも円熟した独自の業績を積まれ、精力的に活動をつづけられる。

Ⅱ　昭和三四年（一九五九）～昭和四四年（一九六九）――この間、石森延男先生は、紀行随筆集「欧州遍路」（昭和35年、光村図書刊）・随筆集「ラバンドの花」（昭和36年、光村図書刊）・「バンのみやげ話」（昭和37年、東都書房刊）・自伝的エッセイ「桐の花」（昭和43年、大阪教育図書刊）などを、あいついで刊行された。児童文学の創作活動がいっそう盛んに行われたのはいうまでもない。

石森延男先生の精神的風土の原郷は、母上を思慕される情とふるさととの自然への回帰のおもいとであると述べたが、一方満洲をはじめ、欧州各国、あるいはアメリカへと、その美と真実とことばの教育を求めての旅は、大きくひろがっていった。国語教育に対する視野も、いっそうの拡大を見せ、その思索はさらに掘り下げられていった。

教育随想「欧州遍路」の「あとがき」に、石森延男先生は、次のように述べておられる。

〈ヨーロッパ諸国の国語教育の様子を観て、わが国語教育の現状をふりかえると、その違いがはっきりとするようになった。その違いが、どんな性質であるかも、よくわかったような気がする。まだまだ高めていかなければならないことがよく理解された。それには、どうしたらいいのかも、いくらかつかめてきた。

今までの静的な国語教育では、もはや、他国の進んでいるそれに追いつくことはむずかしいと直観された。動的な国語教育に踏みださねばならないときが来たようである。わたしが「行動的国語教育」を唱えるゆえんは、ここ

にある。〉（同上書、一二四〜一二五ページ）
欧州各国の国語教育に接しつつ、わが国語教育の真のありかたを求めて思いを潜められるのである。
Ⅲ　昭和四四年（一九六九）〜現在まで――この間、昭和四六年（一九七一）には、「石森延男児童文学全集」全一五巻が学習研究社から刊行され、昭和五〇年（一九七五）には、喜寿を記念して、「わたしの絵日記抄」が刊行された。国語教科書編修・児童文学創作活動が継続されているのはいうまでもない。石森延男先生の国語教育境は、いっそう深く、自在さを加えて、のびやかに静まっている。

五　石森国語教育論の求めたもの

石森延男先生の国語教育における人と業績については、すでに「近代国語教育のあゆみ(2)」に、くわしく紹介され、あるいは先生みずから語られている。

その中で、石森延男先生は、みずからの国語教育観について述べ、とくに、根幹をなす考えとして、
1　国語科という教科は、すべての教科の土台をなしている。
2　国語教育の場は、じつに広い。第一の場は家庭、第二の場は社会環境、そして第三の場が学校である。「ことばの教育」は、外から与えられるものではなく、みずから経験を通して身につけるものである。
3　国語教育のもっとも中核になるものは、教え子に対する愛情である。
と、この三つを挙げられる石森延男先生は、さらに、この三番目の問題について、次のように説かれる。

〈国語教育が人間関係の源ともなるべき親子の絆にあるとするならば、学校や教室で行なわれる学習指導も、ここまで遡ることがほんものであろう。つまり、指導以前のものがあり、ドリル以前のものが厳存しているということ

なのだ。指導のわずらわしさにかまけたり、指導時間などにこだわっていては、ほんものの言語教育はいとなまれないというのが、わたしの信条といってよかろう。〉（同上書、一三九ページ）

石森延男先生が戦前・戦中・戦後を通じて一貫して求められたのは、〝ほんものの言語教育〟であり、その国語教育行路は、つねに〝ほんものの言語教育〟を目ざしつづけられた。

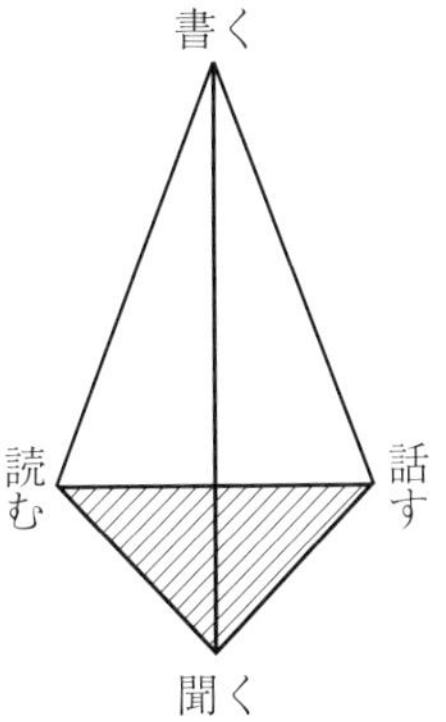

石森延男先生は、「読む」「話す」「聞く」を底面とし、「書く」を頂点とする三角錐を、上のように図示して、〈わたしは、この底面領域（言語活動）の裏づけは、つねに、頂点「書くこと」に結晶定着されてはじめて、たしかなものになる（明確化）と思っている。〉（「作文二十話」、昭和34年9月、近代社刊、四〇～四一ページ）と述べておられる。国語教育の機能的構造化が目ざされているのである。

六　石森国語教育論における先達

石森延男先生は、「わたしに国語教育というものをわからせてくれた先生」として、垣内松三・山口喜一郎・矢沢邦彦・井上赳の四人の方を挙げ、これら「四人の先生たちに、大きな影響をうけたことはいうまでもないが、国語教育の世界を通してながめた人間としての高さを、いまさらながらありがたいと思っている。」（前掲「近代国語教育のあゆみ(2)」、一五八ページ）と述べておられる。

四人の方々から人間的感化を受けつつ、石森延男先生みずからの国語教育を育てていくのに、多くのものを摂取・消化された。東京高師（垣内松三）・大連（山口喜一郎）・大連（矢沢邦彦）・文部省（井上赳）と、それぞれの場所で、四人の先生方との出会いがあった。そのことはまた、石森延男先生の国語教育における行動半径を広くし、かつその内実をいっそう深いものたらしめている。

石森延男先生は、被占領下のわが国語教育の谷間時代、「文化集会」を、昭和二一年（一九四六）八月から昭和三一年（一九五六）八月まで一一回にわたって主宰された。わたくしは、その第五回の「文化集会」（昭和25年6月23日、東京都港区氷川小学校）に参加した。これもまた、新しい国語教育を求めていく、石森延男先生らしい試みの一つであった。すぐれてゆたかな人間関係の中で、初めて開くことのできる集会でもあった。

石森延男先生には、また、「百田宗治さんのこと」（「作文二十話」所収）・「鬼頭礼蔵さんのこと」（「ラバンドの花」所収）という文章がある。国語教育界に活躍されたおふたりの実績・人柄が尽くされていてあますところがない。そこには、石森延男先生の築き上げてこられた、人間関係のゆたかさをもうかがうことができる。

七　石森国語教育論の特質と役割

石森延男先生の児童・生徒・学生時代は、ちょうど明治三七年（一九〇四）から大正一二年（一九二三）に至る、わが近代国語科教育の生成・発展の時期にあたっており、その国語教育界でのご活躍は、大正末期から現在まで、戦前・戦中・戦後を通じて、実に半世紀をこえている。

石森延男先生は、近代国語教育史上、とりわけ昭和期（戦前・戦中・戦後）の実践者・研究者・指導者として、終始かわらぬ活動をつづけられた。

石森延男先生は、わが近代国語教育の本流に棹さしつつ、前人未踏の仕事をたゆむことなく集積された。

1　終始、国語教科書の編修、副教材・副読本の編成、国語教材の書きおろし、児童文学の創作に努められた。

この面では質量ともに石森延男先生に比肩しうる人は見いだせない。国語教材の沃野を耕し、そのみのりをゆたかならしめた業績は不滅のものである。

２　外来理論の借用に陥ったり、指導技術の形骸化をもたらしたりすることを極力戒め、つねに国語教育の実質そのものを、わがものとし、実地に役立ち、生かされる国語教育論の構築が目ざされた。石森延男先生のばあい、観念的な空疎な論がほとんど見いだせない。臨床的に役立つ、〝ほんものの言語教育〟を求めて、柔構造の国語教育論が〝実践の学〟として組み立てられた。

３　人間性を啓培し、思考力をねりきたえる国語教育――行動的国語教育が求められている。国語教師のありかたがたえずきびしく求められる。作文教育にしても、話すこと・聞くことの教育にしても、読むことの教育にしても、石森延男先生の立論と提案と助言には、およそゆらぐところがなく、核心に触れており、その個性的な迫りかたは、ついに色あせるということがない。

４　国語教育を広くも狭くも透視することができ、たえず新鮮で広い視野と深い洞察とがなされている。石森延男先生の国語教育の実践的研究は、閉鎖的でなく、つねに開かれている。抑制がきいているが、将来への伸展の契機と可能性を蔵している。

５　石森延男先生は、近代国語教育史上、最も個性的な国語教育者として、よき先達として歩まれた。その足どりの純粋さ・確かさがわたくしども後につづく者をきびしく励ましてやまない。

Ⅴ　国語教育学構築への軌跡
――倉澤栄吉教授のばあい

倉澤栄吉教授の国語教育研究の軌跡は、
その規模の広大さ、
その内容の豊かさ、
その方法の清新さ、
その態度のひろやかさときびしさ、
その集積の巨大さにおいて、
前人未踏の業績を結実させている。
国語教育への取り組みは壮絶そのものといってよい。

一　国語教育研究への道程

倉澤栄吉教授は、戦後の国語教育界における最もすぐれた研究者であり指導者であって、始終国語教育全般・全領域に目をくばり、独自の業績・成果を挙げられた。国語教育ひとすじに歩みつづけ、みずから探索し結実せしめられた仕事（研究）は、すでに数多くの著作としてまとめられている。加えて、全国各地の熱心な実践者からの招請を受けて、指導者・助言者・協力者として国語教育の実際に即して、それぞれの実践的研究を結実させられ、集成されたものも、質量ともに注目すべき成果となっている。

倉澤栄吉教授の国語教育研究の歩みについては、みずから語られた、「私の歩んだ国語教育研究の道」（昭和49年9月1日、東京教育大学教育学部教育学科人文科教育研究室刊）がある。これは昭和四九年（一九七四）三月一六日東京教育大学で行われた、倉澤栄吉教授の最終講義をまとめられたものである。

この最終講義の中で、倉澤栄吉教授は、みずからの主要著書を取りあげられ、研究の歩みについて語られた。そこで言及されている主要著書としては、以下のような単独著書が挙げられている。「国語学習指導の方法」（昭和23）「国語単元学習と評価法」（昭和24）「国語教育の問題」（昭和26）「国語の指導」（昭和26）「国語教育技術の大系」（昭和27）「作文教育の大系」（昭和27）「国語教育の反省」（昭和28）「読解指導」（昭和31）「表現指導」（昭和32）「文法指導」（昭和34）「読解指導の方法」（昭和36）「国語教育の実践理論」（昭和40）「国語教育論要説」（昭和42）「話しことばとその教育」（昭和44）。これらのうち、「読解指導の方法」については、〈ちょうど私が五〇歳の年に世に出しました〉と述べられている。前後二〇年間に及ぶこれらの主要著書は、倉澤栄吉教授の三〇歳代後半から五〇歳代後半にかけて鋭意たゆみなくまとめられたことがわかる。

以上の著書群のほか、倉澤栄吉教授には、なお、次のような著書が刊行されている。「国語教育概説」（昭和25）「漢字と国語教育」（昭和28）「国語教育」（昭和28）「国語の教師」（昭和29）「作文の教師」（昭和30）「国語教材の研究」（昭和36）（未見）「国語学習指導の問題」（昭和38）「これからの読解読書指導」（昭和46）。

倉澤栄吉教授は、さらに、その最終講義において、みずからの研究の歴史を三つの時期に区切りつつ、各時期ごとに国語教育における基本的な考え方の発展について述べられた。その時期区分は、次のようになされていた。

(1)　第一期（昭和二三年～昭和三一年）――単元学習の問題を中心に
(2)　第二期（昭和三一年～昭和三九年）――過程重視の問題を中心に
(3)　第三期（昭和四〇年～昭和四九年）――子どもの側からの発想を中心に

第一期は、ほぼ東京都教育委員会指導主事時代にあたる。昭和二一年一二月から昭和二四年六月までは千葉師範学校教授であった。また、昭和三〇年一〇月からは東京都教育委員会指導部指導第一課長であった。この時期は単元学習の問題を中心に戦後の国語教育のありかたが求められた。指導主事時代、国語教育について、どんなにはげしい勉強・研究がなされたか、想像を絶するものがある。

第二期は、文部省初等中等教育局視学官時代にあたる。みずから〈私の第二期は共同研究とか協力研究とかのあり方が課題となりました。〉と述べられているように、この時期から、すぐれた共同研究を指導し推進された。そこからは独自の注目すべき成果が生み出された。

第三期は、石井庄司教授のあとを受けて就任された、東京教育大学教育学部教授時代である。この期間、東京教育大学大学院教育学研究科修士課程・博士課程の研究指導を担当された。この期については、みずから〈私は、創造と主体、それからイメージの問題を中心に仕事をさせていただき、特に子どもの側に立つという立場の確立をさせていただきました。〉と述べられている。

倉澤栄吉教授は、昭和四九年四月からは、立正女子大学（現在は文教大学）教育学部教授となられ、以前にもまして全国的に活躍をつづけておられる。それを、

(4)　第四期（昭和四九年四月～現在まで）――実践の学としての国語教育学を求めて

とすることもゆるされようか。

第四期に入って、倉澤栄吉教授は、すでに以下のような著書を出しておられる。「国語教育講義――新時代の読

書指導を中心に」（昭和49）「機会と場を生かす作文指導」（昭和51）「書けない子をなくす作文指導」（昭和52）「ことばと教育」（昭和54）「作文指導の理論と展開」（昭和54）「読むことと教えること」（昭和55）。

倉澤栄吉教授は、不振な状態にある国語教育哲学の樹立を目ざされながら、実践と理論をつなぐ、その接点に立って、実践家と手をつないで、国語教育のほんとうの理論をうち立てていきたいと念じておられる。

前掲「私の歩んだ国語教育研究の道」（最終講義）には、資料として、倉澤栄吉教授の「著書・論文一覧表」が添えられている。それによると、第一期・第二期・第三期を通じて、単独著書一三冊（実際は一二冊か）、編著一〇冊、共編著三三冊（実際は三四冊か）を数え、論文等は、第一期三六編、第二期五二編、第三期一九二編、計二八〇編を数える。これらに第四期における著書・論文等の点数・編数を加えれば、全体としては尨大なものになる。息をのみ、目を見はるばかりの活躍ぶりといわなければならない。

二　倉澤教授の人と業績

倉澤栄吉教授の国語教育研究の業績を独自の方式でまとめているものに、「『多響的統合の実践理論』の創造——倉澤栄吉の人と業績」（「近代国語教育のあゆみ(3)」、昭和54年11月、新光閣刊）がある。これは火曜会員によってなされてきた。国語教育界の先達（指導者）の人と業績を多角的にかつ精確にとらえ明らかにしていく試みの一環としてなされたものである。こうした国語教育人物史研究の発案は倉澤栄吉教授によってなされたと聞いているが、倉澤栄吉教授のばあいは、その略歴と主要著作目録が紹介され、倉澤栄吉教授の「人と業績——国語教育研究の軌跡」については、桑原隆・桜本喜徳・湊吉正三氏の手によって記述されている。ついで、「新しい国語教育の方向を探る」と題する、倉澤栄吉教授の談話（記録）が載せられ、さらに、火曜会員の質問に答えられたものが「倉澤理論の源流を探って」（そのⅠ、そのⅡ）に収められている。

これらのうち、「人と業績――国語教育研究の軌跡」においては、倉澤栄吉教授の国語教育研究、国語教育論の核を形成している主要な概念や考え方が桑原隆・桜本喜徳・湊吉正三氏によって、倉澤栄吉教授の主要著書や論文等から抜粋して、以下の五つの項目ごとに資料として提示されている。

1　国語教育研究の課題と方法　①「国語の教師」（昭和29）まえがきから、②「国語教育論要説」（昭和42）まえがきから、③「これからの読解読書指導」（昭和46）から（a）（b）二例

2　童話・児童文化への関心――子どもの側からの視点　①「国語の教師」（昭和29）から、②「子どもの側からの発想(3)」「教育技術」昭和四二年四月号から、③「話しことばとその教育」（昭和44）（a）（b）二例、④「国語教育講義」（昭和49）から（a）（b）二例

3　「単元学習」から「新単元学習」へ　①「国語単元学習と評価法」（昭和24）から（a）（b）（c）（d）四例、②「国語教育講義」（昭和49）から（a）（b）二例

4　「作品・結果」主義ではなく「過程」主義　①「国語教育の実践理論」（昭和40）まえがきから、②「作文の指導過程」Ⅲ（昭和41）から、③「作文教育における評価」（昭和45）から、④「私の歩んだ国語教育研究の道」（昭和49）から

5　「読み、よみ、ヨミ」の概念の区別　①「読解読書指導事典」（昭和48）から、②「国語教育講義」（昭和49）から、③「情報化社会とよむことの教育」（昭和51）から（a）（b）（c）三例

これらのほか、倉澤栄吉教授への質問に対しての答えからは、倉澤理論（ひいては倉澤国語教育学）の成立事情・成立過程やこれからの方向・抱負などがうかがわれる。

いずれにしても、「『多響的統合の実践理論』の創造――倉澤栄吉の人と業績」は、倉澤理論研究のための基礎作

業の一つをなしており、初めての報告として、倉澤栄吉教授みずから語られた、最終講義「私の歩んだ国語教育研究の道」（前出）とともに貴重な参考資料となっている。

三　学習期・成長期における個性的な歩み

倉澤栄吉教授のばあい、戦後国語教育研究に本格的に入られるまでを、学習期・成長期・実践期として区切ってみれば、以下のようになろう。

(1)　学習期（大正六年〜昭和三年）——小学校・中学校での学習経験

(2)　成長期（昭和三年四月〜昭和八年三月、昭和一〇年四月〜昭和一三年三月）——栃木県師範学校・東京高等師範学校・東京文理科大学における国語科教師への成長過程

(3)　実践期（昭和八年八月〜昭和一〇年三月、昭和一三年五月〜昭和二二年一二月）——栃木県師範学校教諭・東京市中之町小学校訓導・東京府立第一二中学校教諭・陸軍経理学校教授・戸板女子専門学校教授として、実践にうちこまれた時期

これらに前掲第一期から第四期までを含む、(4)研究期（昭和二三年〜現在まで）がつづくことになる。(1)学習期、(2)成長期、(3)実践期をまとめて前期とし、(4)研究期（第一期〜第四期）を後期とすることもできよう。

(1)　**学習期**（大正六年〜昭和三年）——小学校・中学校での学習経験

倉澤栄吉教授は、静岡県の興津尋常小学校を大正一二年（一九二三）に卒業し、卒業にあたっては、西園寺公から記念の優等賞を受けられたという。つづいて、県立静岡中学校に学び、そこですぐれた国語の先生との出会いがあった。その間のことを、倉澤栄吉教授は、次のように述べておられる。

〈わたしが中学二年（引用者注、大正一三年〈一九二四〉）のとき、たぶん国学院出だったと思うが、りっぱな国語の先生がおられた。大変気性の激しい方で、相当深い学問的考え方をもっておられ、強い影響を受けた。今では尋ねる由もないが、その先生に対するあこがれがあって、国語が好きになった。小学校の時はむしろ数学的な教科が好きで、中学校に入ったら暗記物が得意になり、歴史で百点をとったりしたこともあったが、考えたり、感じたりする基本を言語で考えていくおぼろげな気持ちを抱くようになったのは、その先生の影響が強い。〉（前掲「近代国語教育のあゆみ(3)」、二七二ページ）

学習者として、倉澤栄吉氏は、大正中期以降、昭和初期に至る一一年間、国語科教育を受けられたことになる。わが国語科教育が充実味を加えつつあった、上昇期にあって、小学生・中学生としての学習経験を積まれたわけである。

(2)　成長期（昭和三年四月〜昭和八年三月、昭和一〇年四月〜昭和一三年三月）――栃木県師範学校・東京高等師範学校・東京文理科大学における国語科教師への成長過程

倉澤栄吉教授は、栃木県師範学校卒業後、東京高等師範学校文科第二部（国語漢文科）に進まれ、在学中、大塚講話会で活躍された。みずから童話の創作にあたり、実演童話の経験を積まれた。この時期のことについて、倉澤栄吉教授は、次のように述べられた。

〈文理大に入るまでの若いころの精神的経験は、今日のわたくしをかなり支配している。これが、わたしの過去を語る上で重要なことで、国語以前の人間とか教育のあり方ということに意識的であるのは、そのころの運命に対するわたしの凝視のしかたによるものが多い。〉（前掲「近代国語教育のあゆみ(3)」、二七四ページ）

倉澤栄吉教授は、昭和一〇年四月から昭和一三年三月までの三年間、東京文理科大学で学ばれた。東京高師四年間、東京文理大三年間、計七年間に指導・薫陶を受けられた先生方については、次のように述べられている。

〈わたしは東京高師、東京文理大の七か年を、三人の偉大な指導者にめぐり会うことによって、幸せな充実した学生生活を送った。三人の恩師とは、吉田弥平、保科孝一そして垣内松三の三先生である。お三方からは、厳しさとやわらかさ、そして鋭さ等々教えていただいた。ご存じない方は多分、鋭さと厳しさとを教えられたのが垣内先生だ、と想像されるだろう。しかしそうではない。むしろ、吉田先生からである。先生は、入学一年次からの担任であられた。今にして思えばきわめて優しい面もあったのに、新入生のまじめ学生からは、厳しさがうき立ってみえ、先生の講義の折などは、足先きにまで緊張感をみなぎらせていた思いがある。

保科先生は文理科大学時のクラス担任であられた。いつも温容を変えることなく暖かく受け入れてくださる先生であった。身の上話など細大洩らさずうち明けられそうなお方であった。むろん洋間であって、正座したこともない（引用者注、吉田弥平先生のお宅で正座をつづけられたことが挿話として述べられていたのに応じている）。お嬢さんと心安く遊んだりした思い出もある。学問的には厳しさもあったが、凡俗の私などにはよくわからなかったらしい。わたしの卒業論文は、国語教育論であった。これは何人かの方が知っていて、「倉澤は卒論に国語教育を取り上げた第一号である」という。或はそうかもしれない。そしてこれは、多分垣内先生の影響だろうと考える人も多い。実はそうではない。国語教育について書こうと思ったのは、保科先生の影響である。けれどももちろん、卒論は垣内先生にみて頂くことを想定して書いた。そして、その中味も垣内学の発想の亜流である。

垣内先生には、考えること、着想・発想のエラさ（苦しさ）を一番教えられた。講義は多くの人が述べておられるように、熱のこもったものであった。吉田先生のように諄々と説いて下さる方ではなかった。保科先生は博くわたり知見を拡げて下さる。たのしかった。垣内先生は、一事象についてここまで深く切り込めるかと驚かされる方であった。垣内先生の講義は難解であったとは殆んどの人が回顧するところであった。わたしもまた例外ではない。何のことかさっぱりわからなくても、一応顔をあげて耳をそばだて時折ノートに書くという普通の学生ぶりであった。内容についてはさっぱり覚えていないが、垣内先生らしい物の見方考え方の型は、いつの間にかしみ込んだものとみえ、卒論はもちろん、その後の私の国語教育論の骨組みは大きな影響を受けた。〉（『垣内松三著作集』第五巻付録二～四ページ）

吉田弥平・保科孝一・垣内松三という一流の先生方から、三者三様の多くのものを学び得ておられるのである。倉澤栄吉教授が東京文理科大学に学ばれた時期（昭和一〇年～昭和一三年）は、わが国の国語科教育が最も興隆した時代でもあった。

東京文理科大学在学中、倉澤栄吉教授は、学友森沢稔氏とともに学生の力で国語教育研究部を作り、共同研究を推進された。その実証的な研究成果は、「児童に於ける記述の発達」として、東京文理科大学国語国文学会機関誌「国語」第二巻第一号（昭和12年1月20日、目黒書店刊）に掲載された。この共同研究の発起者・推進者として、倉澤栄吉教授は、次のように述べておられる。

〈われわれ（森沢のほか大石初太郎、山本勤）は垣内先生に何度か教えを乞うた。附属小学校の飯田恒作氏に資料を貸してもらい、その助言も得て、何か月かかかってまとめたのが、「児童に於ける記述の発達」という小論である。くわしいことは雑誌「国語」を見ていただきたいが、この研究方法や調査結果は、当時としては画期的なものと自負してもよかろう。垣内先生がどのように我々の協同調査を評価されたか明らかでない。しかし、垣内先生と私や森沢たちをつなぐ大きなパイプになった研究であった。〉（前出『垣内松三著作集』第五巻付録、四ページ）

調査研究報告「児童に於ける記述の発達」は、一　考査の目的、二　資料及び資料状態、三　考査の方法及び実際、四　考査の綜括、五　結語から成り、飯田恒作氏の集輯にかかる、「お父さん」と題する課題作（小学校一年・三年・五年時に、四五名の児童がそれぞれ書いたもの）を中心として、児童の創作生活の発達の研究に資する目的をもって分析・綜括がなされたものである。その末尾には、〈この研究報告は、垣内教授の御指導による学生の協同労作に依るもので、これが整理には、倉澤栄吉・森沢稔が主として当り、考査の綜括には大石初太郎・山本勤の協力を得て成ったものである。猶、この資料とその解説を与へられた飯田先生に厚く謝意を表する〉と付記されており、この報告の掲載された「国語」第二巻第一号は、国語教育の特集号であったが、その編輯後記には片寄正義氏が、〈実験研究は垣内教授指導の下に、倉澤・森沢両氏を中心に国語教育研究部員諸君の努力によって、特に本誌を力あるものとして栄光を添へ得たことを編輯部として感謝したい。〉(同上誌、二五一ページ)と述べられている。

「児童に於ける記述の発達」にみられる、実証的な精厳な研究態度にもとづく資料の精細な分析、克明な記述、考察の鋭さなどは、後年、倉澤栄吉教授の国語教育研究の随処に生かされ、駆使されているところであり、とくに資料分析の細密な進め方には、その精神・方法が生かされている。それは倉澤栄吉教授の目ざされる、国語教育の科学化への、また作文教育学の構築、ひいては教育言語学への基礎作業の一つとも認められるのである。

倉澤栄吉教授の卒業論文が「国語教育論」であったことは、すでに知られているところであるが、昭和一〇年代前半に国語教育研究への取り組みが確立し、その研究的営為がなされていたことは注目に値する。この論文内容は、やがて戦後になって刊行された、倉澤栄吉教授の第一著作「国語学習指導の方法」(昭和23年、世界社刊)に生かされることになる。昭和一〇年代は戦前において国語教育学の必要と確立が叫ばれ、相応の成果が世に問われた時期であったが、そういう時代に、倉澤栄吉教授が「国語教育論」をもって国語教育研究へ出発されているのは意義深い。それはまた、戦後三十数年にわたって倉澤栄吉教授が展開し集積された精細で壮大きわまりない国語教育研究(さらには国語教育学構築)への可能性を深く大きく豊かに蔵していた種子であったともみられよう。

四　実践期における試行と創造

(3) **実践期**（昭和八年八月～昭和一〇年三月、昭和一三年五月～昭和二二年一二月）——栃木県師範学校教諭・東京中之町小学校訓導・東京府立第一二中学校教諭・陸軍経理学校教授・戸板女子専門学校教授

倉澤栄吉教授は、東京高師を卒業され、後東京文理科大学に入学されるまでの二年ちかい期間母校栃木県師範学校に勤められた。さらに東京文理大卒業後は、昭和一三年五月から東京市中之町小学校訓導として、昭和一四年三月からは東京府立第一二中学校教諭として、さらに太平洋戦争下の昭和一七年一月からは陸軍経理学校教授として勤められた。敗戦を経て戦後となり、昭和二一年四月からは戸板女子専門学校教授として勤められ、翌昭和二二年一二月からは千葉師範学校教授になられ、そこでの勤務は、昭和二四年八月、東京都教育委員会指導主事となられるまでつづいた。

このようにみると、実践期における倉澤栄吉教授は、旧制師範学校をはじめ、小学校・中学校・専門学校（陸軍経理学校・女子専門学校・師範学校など）の教育実践に従って、つぶさに教育現場の経験を積み重ねておられるのに気づく。その経験年数は、通算して、一一年一〇か月にも及んでいる。倉澤栄吉教授は、みずからの実践歴をふりかえって、〈高等師範・文理大を出て義務教育段階に飛びでて行ったところが、ある意味でわたしのいちばんのピークのときである。〉（前出「近代国語教育のあゆみ(3)」、二七四ページ）と述べておられる。

倉澤栄吉教授は、満三八歳で指導主事に転出されるまで、八年間の国語教師への成長過程と一二年に及ぶ各学校教育における実践経験を得られた。この両過程をあわせた二〇年に、さらに学習期（小・中学校）の一一年間をあわせた三〇年あまりの言語生活と国語学習・国語教育の実践的経験は、戦後に展開し集積されていった国語教育研

究の大切な基盤ともなり、土壌ともなり、拠点ともなっていったと思われる。

倉澤栄吉教授は、昭和二一年（一九四六）三月一一日、東京都立第二〇高等女学校を会場にして開かれた、「はなしことばの会」発会式の行われた日に、「中等学校の『はなしことばの教育』」と題する研究発表（実践報告も含めて）をしておられる。それによると、倉澤栄吉教授は、中等学校における話しことばや話しことば教育の問題に言及され、次のように述べられている。

〈実際問題として、文字の世界は大切であります。小学校から、中学校になって、文字の世界、古典の世界に親しむようになり、おとなになって文字言語を主とする職に就く人、また、文科の専門教育、大学での学究生活、書斎生活に至るまで、大体において、はなしことばからかきことばへと展開する一面があります。てのひらを裏返すように、面が変って行くのですが、中学校は、その転回点にあたっているように思われます。

中等学校の国語教育では、はなしことばを、自然に、らくに転回させねばなりません。今までのように、いきなり、文字、古典の面に、ぐるっと変えることは、不合理です。むしろ、小学校でのはなしことばの世界を、そのまま受けついで、深めて行くために、これから中学校、高等学校では、もっと、生きたはなしことばを中心にして行かねばならないと思うのです。〉（『はなしことばの教育』、はなしことばの会編、昭和23年6月25日、世界社刊、五六ページ）

〈つまり、私は、言語機能の上から、表現、伝達、叙述を中心とした面と、さらに、それが社会化されたところの、二面とを以って、立体的な、ことばの円錐形のようなものを考えるわけです。そして、この二面は、劇が、ことばの美しさを中心として、美を求めて行くのに対し、ディスカッションが、ことばの正しさを以って、真理を追求するという点で、両極を成していると考える、まあ、芸術と科学との二面と考えていいでしょう。そういう総体的なことばの形の中に、私どもは、生活しているわけであります。

従って、学習の形も、これを根拠として
1　詩を作る、よむ、味わう。　2　小説、物語などを作り、きく、味わう。　3　実用文、論文、記録、日誌などを作る、みる。
という生活があり、それを、みんなの学習として
4　相談し、工夫し、批判しあう。　5　美しいことばで劇化してみる。
というようになるべきだと思います。そして、その、4、5は、とくに、はなしことばを無視しては、考えることができません。
現在、私は、専門学校の一年生を含む五つの教室で、「声の文学教室」というのを行っております。「耳の雑誌」とも申しまして、従来もありました発表会のようなものを、毎週一回、生徒に編集させています。司会も、生徒に任せていますが、出てくるものは、
有名な文学作品の朗読、紹介、鑑賞、自作の詩歌、小説の発表
などで、全部、はなしことばで、口で発表して、それについて話しあっています。〉(同上書、五八～六〇ページ)
この研究発表(実践報告を含めて)「中等学校の『はなしことばの教育』」は、戦後最も早い時期に行われた、倉澤栄吉教授の国語教育研究として記念すべきものとなっている。当時として時流を抜く発想・着想がなされているのはもとより、新鮮で柔軟でしっかりしたはなしことば教育観とそれにもとづく実践が試行されており、倉澤栄吉教授のその後の活躍と実績を象徴するものとなりえている。倉澤栄吉教授は、当時すでに高度な水準から戦後国語教育研究への出発をしておられたことがわかる。それはまた大正中期から昭和期(戦前)にかけて整えられ耕されていた肥沃な土壌にまかれていた種子が時機を得て発芽し開花を始めたのだともみられよう。
なお、倉澤栄吉教授は、成長期・実践期・研究期にあって影響を受けた人々のことに関して、次のように述べて

おられる。

〈若いころはソシュールおよびソシュール学派の影響を受けた。作家では小川未明の作品、教育学では篠原助市先生の著作、最近では上田薫の著作、その考え方では、能勢朝次先生、教えることのきびしさについては吉田弥平先生、小異を残して大同につくという人生観については保科孝一先生が挙げられる。〉（前掲「近代国語教育のあゆみ(3)」、二七四ページ）

ここに名前は挙げられていないが、垣内松三、西尾実、文献を通じての山口喜一郎の諸氏から影響を受けられたことも別のところでは述べられている。

五　国語教育学構築への歩み

(4)　**研究期**　①第一期（昭和二三年〜昭和三一年）②第二期（昭和三二年〜昭和三九年）③第三期（昭和四〇年〜昭和四九年）④第四期（昭和四九年四月〜現在まで）

倉澤栄吉教授が上来みてきたような「学習期」・「成長期」・「実践期」を経て、戦後歩みを起こされた、その国語教育研究の軌跡は、その規模の広大さ、その内実の豊かさ、その方法の独創性、その態度のひろやかさときびしさ、その集積の巨大さにおいて、前人未踏の業績を結実させている。その国語教育・国語科教育への取り組みは、壮絶ということばでしか表しえないのではとさえ思われる。以下、倉澤栄吉教授の国語教育学構築への業績を主要著作を中心にみていくことにしたい。

1　第一期——第一　三部作

Ⅰ「国語学習指導の方法」（昭和23、世界社）Ⅱ「国語単元学習と評価法」（昭和24、世界社）Ⅲ「国語教育の

問題」（昭和27、世界社）

これら初期三部作は、戦後国語科教育のありかたを模索しつつ、その方向を見定めようとした労作である。ことば（言語観）・単元学習論・学習指導論・評価論、当時の国語科教育が当面していた基本的な問題、具体的な実践上の問題の両面にわたって倉澤栄吉教授自身の所見が盛りこまれている。

Ⅲ「国語教育の問題」第一五章には、国語教師の自己評価項目一〇か条が掲げられている。

1　国語学習指導の目標をはっきりと生かそうとしているか。　2　学習指導の方法をつねに改善しようと努めているか。　3　学習指導を正しく評価し、それによって教育計画の改善を心がけているか。　4　適切な学習の資料と環境とを準備し、豊かにしようとしているか。　5　学習の準備（レディネス）の必要さを認め、方策を講じているか。　6　実社会におけることばの役割を知ってその目標に合うような学習指導を計画しているか。　7　文学の教養を持ち、青少年の品性指導を適切にしているか。　8　常に個人差を考え、ひとりひとりに応ずる教育計画を立て、治療の方法を考えているか。　9　国語教育を狭い範囲に限らず、つねに児童生徒の全体の成長を目がけているか。　10　国語の教育課程の傾向を理解し、その進歩に協力しているか。（「国語教育の問題」、三〇一〜三〇二ページ）

これらは倉澤栄吉教授みずから国語教育研究にあたって常に心がけてこられたことである。それぞれは戦後の国語教育が充足させていかなければならない課題ばかりである。

前掲三部作は、やがて昭和三八年（一九六三）になって、「国語学習指導の問題」（新光閣）として一冊にまとめて新たに刊行された。

2　第一期――第二　三部作

Ⅰ「国語の指導」（昭和26、教育図書研究会）Ⅱ「国語教育技術の大系」（昭和27、教育図書研究会）Ⅲ「国語

の教師——指導法のてびき」（昭和29、牧書店）

これらの三部作を通して、倉澤栄吉教授は、国語教育技術学への志向を明らかにし、その体系的構築への試みがなされている。〈わたしは、導入・展開・評価のたていとと、管理・資料・板書・助言のよこいととで織り成していく方法領域と、教科書や生きたことばの学習材のよこいとと、個人・学年の発達段階によるたていととで織り成していく方法領域とをまとめて体系化していく仕事が、方法論の中心だと思っています。〉（前掲Ⅲ、まえがき、二ページ）と考えられ、この国語教育技術学への志向と探究とは、たえずつづけられ、その業績の中に生かされている。

3　第一期——第三　二部作

Ⅰ「国語教育概説」（昭和25、岩崎書店）Ⅱ「国語教育の反省」（昭和28、新光閣）

「国語教育概説」は、当時の国語教育のあらゆる問題に言及されており、倉澤栄吉教授の視野の広さと確かさ、問題把握の的確さを示している。わたくしはかつて全日本国語教育協議会の会場で、故時枝誠記博士がこの書物一冊をもとめておられたのを忘れることができない。「国語教育の反省」において、倉澤栄吉教授は、〈国語教育学は一つの技術学だと私は考えているが、その体系は、この三つ（引用者注、専門以外の主として教育や心理の研究、自分の専門領域についての研究）の上に築かれる。〉と述べ、さらに〈経験単元と言われ教科単元と言われている二つの上に、国語愛と生徒愛と叫ばれる二つの上に、国語教育学は築かれる。〉（前掲Ⅱ、一二一ページ）と述べられている。

4　第二期——三部作

Ⅰ「読解指導」（昭和31、朝倉書店）、Ⅱ「表現指導」（昭和32、朝倉書店）、Ⅲ「文法指導」（昭和34、朝倉書店）ただし、Ⅰは第一期に刊行された。

これらは倉澤栄吉教授における代表的な三部作であり、読みの基礎能力・作文の基礎能力に着目しつつ・読解・

作文・文法の指導理論と指導方法とがみごとにまとめられている。倉澤理論への基礎工作が意欲的に進められたと認められる。

5　第三・四期――三部作

Ⅰ「国語教育の実践理論」（昭和40、明治図書）、Ⅱ「国語教育論要説」（昭和42、新光閣）、Ⅲ「ことばと教育」（昭和54、学陽書房）

国語教育を「実践の学」として組織しようとする倉澤栄吉教授が実践理論を求めてまとめられたのがⅠ、Ⅱである。Ⅲにおいて、倉澤栄吉教授は、〈国語教育学の自立を期するためには、「国語教育の思想は何か」を問うことが第一歩である。〉（Ⅲ、二二六ページ）と述べられている。

6　全期を通じて　読むことの教育研究　五部作

Ⅰ「読解指導」（昭和31、朝倉書店）、Ⅱ「読解指導の方法」（昭和36、新光閣）、Ⅲ「これからの読解読書指導」（昭和46、国土社）、Ⅳ「国語教育講義――新時代の読書指導を中心に」（昭和49、新光閣）、Ⅴ「読むことと教えること」（昭和55、国土社）

7　全期を通じて　作文教育研究　七部作

Ⅰ「作文教育の大系」（昭和27、金子書房）、Ⅱ「作文の教師」（昭和30、牧書店）、Ⅲ「表現指導」（昭和32、朝倉書店）、Ⅳ「作文教育における評価」（昭和45、第一法規）、Ⅴ「機会と場を生かす作文指導」（昭和51、新光閣）、Ⅵ「書けない子をなくす作文指導」（昭和52、新光閣）、Ⅶ「作文指導の理論と展開」（昭和54、新光閣）

8　第三・四期　話し聞くことの教育研究　三部作

Ⅰ「話しことばとその教育」（昭和44、新光閣）、Ⅱ「国語科対話の指導」（昭和45、新光閣）、Ⅲ「聞くことの学習指導」（昭和49、明治図書）　ただし、Ⅱ、Ⅲは共著・編著である。

これらを見れば、読むこと（読解・読書）の教師の研究においても、また、作文教育の研究においても、さらには話すこと聞くことの教育の研究においても、それぞれ営々としてたゆみなく研究がつづけられ、その集積がなされているのに気づく。

倉澤栄吉教授のばあい、6、7における五部作、あるいは七部作に、全国各地の実践者たちとの共同研究をあわせ数えていけば、それらは質量ともに大きく増大していく。

倉澤栄吉教授の国語教育学の構築は今日なおその途上にあるとみられるが、研究期（第一期～第四期）全体を通じて、三十有余年の間に、国語教育研究に科学性を求めつづけ、国語教育学を技術の学・実践の学として組織し構築しようとする努力が懸命につづけられた。国語教育学の内実としての実践理論をいっそう精細に求め、有効なものにしていくのに、国語教育の思想が問われ、国語教育哲学が求められている。

実践の学として、さらには技術の学として国語教育の実践・研究のありかたをひたむきに求めてこられた倉澤栄吉教授は、戦後のわが国語教育の実践に関し、新しく地平をきりひらかれた点が多い。倉澤栄吉教授の国語教育学構築への軌跡を明確に把握していくことは容易でないが、さらに精密に跡づけていかなければならない。その実践理論も基礎理論も生成過程にあるが、その集大成が待たれる。本格的な国語教育学の成立とその実践の学としての展開が切に望まれる。

あとがき

新制大学の発足（昭和二四〈一九四九〉年）とともに、国語科教育の講座が教育系学部に置かれるようになり、昭和二六（一九五一）年からは、その講義・演習が始められるようになった。それに伴って、国語教育学・国語科教育学の樹立がつよく要請されるに至った。国語教育学・国語科教育学の樹立ないし確立は、「国語科教育法」担当者に課せられた緊要な課題の一つであった。

国語科教育の実践と研究とは、明治期以降すでに一世紀をこえて真剣にたえまなく継続されてきたが、実践の事実、研究の成果を集積し、一個の学として体系化していくことは、決して やさしい仕事ではなかった。大正期にも昭和戦前期にも、学への志向がなされ、学の樹立をめざして努力がつづけられたが、まだまだ不備な面を残し、十分に結実するところまではいかなかった。

しかし、戦後新制大学の創建とともに、国語教育学樹立の機運は、しだいに熟し、提唱・実践・試論を通じて、その内実を整えるようになってきた。現在は、講座（授業）担当者の自覚も深まり、自信も加わって、実践者・研究者間の提携もなされ、学樹立の基盤が徐ろに堅固になり、多くの試みによる成果が挙げられつつある段階にある。

国語教育学・国語科教育学の樹立をはかるためには、過去から現在まで学としての営みがどのようになされてきたかを明らかにしなければならない。国語教育学樹立のためには、まず国語教育学史研究が要請されるのである。

国語教育学史の構築は、すなわち国語教育学樹立の有力な拠点の一つをなし、それは学の前史として、また足跡そのものとして、さらには示唆にとむ資料・理論の集積として、学を前進させる足場となる。

わたくしは、昭和四九（一九七四）年九月、「国語教育学史」（共文社刊）を刊行した。本書は、Ⅰ戦前における国語教育学の展開、Ⅱ戦後における国語教育学の展開、Ⅲ国語教育学の系譜と創建、Ⅳ国語教育学年表の四章から構成され、戦前は一九三〇年代を、戦後は一九五〇年代を、それぞれ中心にして、わが国における国語教育学の成立と展開を跡づけようとしたものである。本書には昭和三一（一九五六）年春から昭和四七（一九七二）年春までの一六年間に国語教育学に関して考究しえたものを集成した。

これらのうち、第Ⅱ章では、戦後の国語教育学の展開について、一九五〇年代を中心に、垣内松三・西尾実・石井庄司・時枝誠記・倉沢剛・輿水実の諸家の提唱・試論をとり上げ考察を加えた。また、第Ⅲ章には、「国語教育史的にみた輿水理論」・「藤原与一先生の国語教育学創建」と題する二つの論考を収録した。

戦後の国語教育学の展開は、現に進行中であって、歴史的に見ていくのには、なお時間を要する面をもっている。戦後の国語教育学史上、中心的存在であったのは、西尾実博士である。西尾実博士は、戦前から戦後にかけて篤実な研究を集積された。垣内松三氏の国語教育科学を独自の立場で受けとめ、かつ独特の体系を手がたく構築された。

西尾実博士と並んで、古田拡・石森延男の両氏もまた、戦前から戦後にかけて、国語教育の実践と研究にとり組まれ、それぞれ独自の成果を挙げられた。古田拡氏がめざされた国語科授業の創造への道程は、国語教育遍路と呼ぶにふさわしく、その真摯さあたたかさからあふれてくる滋味を味わうよろこびは大きかった。

石森延男氏の国語教育へのとり組みにも、終始一貫した姿勢と精神とがつらぬかれており、みずからの世界をゆるぎなく構築された。その広く深い世界を透視することは容易でないが、ふだんに求めつづけられたものを確かめ、それを摂取し、さらに伸ばしていくことは、今後に課せられた大事な仕事である。

戦後の国語教育学・国語科教育学研究には、大河のごとき流勢と奥深さがあり、その実態と実質をつぶさにつきとめ、跡づけていくことは至ってむずかしい。戦後の国語教育界にあって、常に指導的立場に立たれた倉澤栄吉教授の縦横に活躍された、実践理論構築への歩みを跡づけることも至ってむずかしい。わたくしが本書において行った、倉澤栄吉教授の国語教育学構築への軌跡についての考察は、わずかにその一歩をふみだしたにすぎない。

本書に収録した五つの論考（Ⅰ～Ⅴ）は、昭和五一（一九七六）年三月から昭和五五（一九八〇）年一二月の間に執筆したものであるが、発表誌・収載書等は、左のとおりである。

Ⅰ国語教育への視野と方法　「中学校国語の研究と教育」（第3号）掲載　昭和55年3月15日　国語教育と研究をむすぶ会刊

Ⅱ国語教育理論の成立と発展――西尾実先生の実践・研究・創造　「国語教育の理論と構造」（教育学講座第8巻）所収　昭和54年11月27日　学習研究社刊

Ⅲ授業創造へのひとすじの道――古田拡先生の国語教育遍路　「研究紀要」（19・20合併号）掲載　昭和51年3月　大下学園国語科教育研究会刊

Ⅳ国語教育論の生成と深化――石森延男先生と国語教育　「石森延男国語教育選集」（第3巻）所収　昭和53年9月10日　光村図書刊

Ⅴ国語教育学構築への軌跡――倉澤栄吉教授のばあい　「教科教育学概論・補説」所収　昭和56年2月10日　広島大学出版研究会刊

わたくしは、こうした方々の国語教育についての実践・研究から多くを学びつつ、みずからの国語教育・国語科教育を求め育ててきた。非力であり未熟であるが、今後とも国語教育・国語科教育への道を歩みつづけたい。

昭和五十七年七月

野地潤家

二　国語教育の遺産

Ⅰ　国語教育における思考力

一　近代国語教育の史的展開

【国語教育の史的展開】　明治以降のわが国の国語教育の歴史については、近来、明治・大正・昭和（戦前・戦後）の三期にわたって、それぞれの分野について、実証的に精緻な考察が加えられるようになった。さらには、一九世紀後半から二〇世紀の前半に及ぶ、わが国語教育の歩みは、アメリカ、ドイツ、フランス、イギリスなどが経験した国語教育の歩みと、大局においては軌を一つにしている面もあって、そういう国語教育革新の展開についての比較研究も必要とされるにいたっている。

近代国語教育の史的展開のうち、中等国語教育の側の研究は、なお遅れを見せているが、初等教育のそれは、しだいに明らかにされつつある。たとえば、近代国語教育史における方法の展開については、飛田多喜雄《ひだたきお》氏に『国語教育方法論史』[1]の著がある。同氏は、この研究において、まず、語学教育期（つまり、第一期　訓詁注釈時代）を、前期　法令制定期、後期　国語科成立期に分かち、ついで、文学教育期（つまり、第二期　教材研究時代）を、前期　教材研究期、後期　指導原理形成期に分かち、さらに、言語教育期（つまり、第三期　言語生活時代）を、前期　言語活動期、後期　言語生活学習期に分けて、国語学習指導法の科学化のために、方法面を軸としつつ、歴史的考察を多角的に加えている。

【国語学力観の史的展開】 近代における国語学力観の推移・変遷については、井上敏夫氏に、「国語学力観の変遷」「戦後の国語学力[2]」などの論述がある。井上敏夫氏は、五期に分けて、

一　明治初期――翻訳的、実学的学力
二　明治中期――内容的教科の分離
三　明治末期――国語科の成立
四　大正・昭和期――文学的学力の重視
五　国民学校時代――国民精神涵養と言語指導

のように、その推移を見ている。

各期の国語学力観をおさえて、一九四一年（昭和一六）から発足した国民学校時代の国語学力について例示して説いた後、井上敏夫氏は、次のように総括している。

「この国民学校における国語学力は、その学力として意図されている項目の種類、それぞれの質的な種類、などに関して、じゅうぶんな考慮がめぐらされており、当時としてほとんど間然するところがないといってよいほどである。

ただ、惜しむらくは、「国民的思考感動を通じて国民精神を涵養する[3]」という大命題のために、読本の内容も国民精神読本的な色彩の濃厚なものとなり、国語教育の基礎をなす言語観も[4]、きわめて独善的な傾向のものとなっている。

しかし、この国粋的に偏向した理念を除いた、他の具体的な国語学力に関する限り、この国民学校令施行規則は、きわめて精密、科学的に考慮されたものであり、ここに意図されている学力の内容は、学校令がどのように変更しようとも、そのまま次代に受け継がれるような普遍的な要素を内包しているものであった[5]。」

明治初期のいわゆる翻訳的実学的学力から、国民学校時代の整えられた、しかし偏向をも含む国語学力まで、法制に規定したものをも忠実にふまえつつ、その推移の跡がおさえられているのである。

何を目ざして、何を通じて、どのような体制で、どのように学習させ指導していくか、という、近代国語教育における、目標・教材・体制・方法の史的展開は、初等教育の場合、あらまし明らかにされてきているといってよい。

二　思考力把握の視点

【国語教育に内在する思考力】　近代国語教育の成立と展開とは、わが国の場合、複雑な様相を呈していて、理論と実践との両面にわたり、その実質を明らかにしていくことは、困難をきわめる問題である。国語教育の展開の中に、思考力の問題がどのように見いだされ、位置づけられ、どういう役割を果たしてきたかを見きわめる問題もまた、容易にはとらえがたいむずかしさを包蔵している。

学習者・指導者の思考力、感受性を離れて、国語教育を営むことはできない。明治以降、国語教育が実践されてきているかぎり、その営為には、国語教材にも、学習者にも、教授者・指導者にも、それぞれ思考力がはたらいていた。ただそれらを、どのようにとらえ、どのようにおさえるかは、容易ではないように思われる。

国語教育の営為に内在し、また内在させてきた思考力を、学習者・指導者がいつも自覚し、それを明確に凝視し、省察してきたとはいいえない。

【国語教育における思考力把握の視点】　けれども、国語教育における思考力は、

1　目標として、目ざされるべき思考力（理解力・表現力・鑑賞力）、すなわち国語学力に内在する思考力

2　内容として、国語教材の形成に、また国語生活そのものにはたらいている思考力

3　方法として、学習・指導において、どのように駆使し、演練していくべきかの思考力

のように、国語教育の構造に対応させて、目標・内容・方法の各視点から、把握していくこともできよう。

むろん、これらの根底には、近代国家の国民生活において、国語はどういう位置を占め、どういうはたらきをするのかという、言語・文学の機能に関する根本認識がある。それについても、国語教育の長い歩みの中で、徐々にではあるが、明らかにされてきつつある。

【近代国語教育における思考力】　近代国語教育における思考力の問題を、どのようにとらえていくか。本稿では、明治・大正・昭和各期の国語教育の実践・研究において、思考力の重視された営為を、できるだけ具体的に取りあげて考察していこうとした。

すでに今までの史的研究によって明らかにされているところとは重複を避け、あまり紹介されていない面を、できうるかぎり取りあげようとした。自然、明治・大正期を重く扱い、昭和期は軽く扱う結果となった。これは昭和期（戦前・戦後）の国語教育の充実を軽視したのではなく、それへ至るまでの模索期の営為から学ぶことを主とした結果である。

近代国語教育における思考力の問題は、その考察が開始されたばかりといってよい。そういう時点での試論として、以下述べていくことにする。

（1）『国語教育方法論史』四六〇ページ、一九六五年、明治図書。
（2）ともに、現代学力大系2『国語の学力』一九五八年、明治図書、に収められている。
（3）国民学校令に見られる国民科国語の目標「国民科国語ハ日常ノ国語ヲ習得セシメ其ノ理会力ト発表力トヲ養ヒ国民的思考感動ヲ通ジテ国民精神ヲ涵養スルモノトス」から引いている。
（4）この次に、国民学校国語教科書の教師用書から、国語観についての引用を入れている。今は省略に従った。
（5）前掲『国語の学力』七二ページ、一九五八年。

Ⅱ　明治前期における思考力の特性

一　学習回想に見られる記憶力の重視

【長谷川如是閑の学習回想】　長谷川如是閑《はせがわにょぜかん》（一八七五～一九六九）は、明治初年、東京の深川万年町にできた明治学校に、四歳一か月で、一八八〇年（明治一三）に入学した。そのころのことを、次のように回想して述べている。

「このころの初等教育は、今日のようにこどもの知能に応じて組み立てられたものではなく、教科書なども、アメリカのによるといっても、論語や小学中庸などの素読を六、七歳で教えられた漢学者が、もう一二年下ならこのくらいでよかろうと作ったもので、いきなり『凡そ地球上の人種は五つに分かれたり、亜細亜人種、欧羅巴人種、馬来人種、亜弗利加人種、亜米利加人種是なり』という文句ではじまっている読本を、いろはやアイウエオもろくに覚えきらないうちに教えるのだから、乱暴なものであった。これには田中義廉、那珂通高《なかみちたか》とあるが、アメリカのウィルソンのリーダーの翻訳で、明治十年代の末頃まではまだそれを用いていたので、『凡そ地球上の人種は』という言葉は、酒屋や魚屋の小僧までがそれを囀ずっていた。[1]」

また、当時の教授方法についても、如是閑は、次のように述べている。

「学校に上った当座は、主として掛図で教えられたように覚えるが、それがまたむずかしい漢字の物の名を、歴史カナで教えるので、たとえばイとヰの区別や、オとヲの区別などを、図入りで教えたものだが、一つも覚えたように思われない。そのうちには、今は専門家もあきらめている、エとヱの区別もあったことだけ頭に残っている。五、六歳のこどもをまるで国学者扱いにしていたのである。

それから修身の教科書がそのころに出来た。『反訳の事を急とする事』はいいが、修身だけは反訳では困るというので、日本的のものをつくったのだが、内容はほとんど『誰々曰く』と先哲の言葉を列べただけのもので、とても五、六歳のこどもの頭に入るはずがない。私も、覚えているのは、『貝原益軒曰く』の一句だけで、その益軒が何をいったのかは全く忘れてしまった。

『生徒心得』というのもあったが、その書き出しの『凡そ生徒たるものは心を正しくし』というのと、『朝は早くおき口を嗽ぎ髪を梳り』というだけしか覚えていない。しかし「髪を梳り」というのを始めて読ませられた時に、お母さんのことだと思ったことが記憶されている。

意味がこどもにわかるわからないは、問題にもされなかったようであった。みんなただ門前の小僧式に教えられた文句をくりかえしているだけである。私がまだ学校に行かないころ、二つ年上の兄が家で復習する時に、『生徒心得』の文句か『学問をなすはは他なし』というのを、必ず『学問をなすはは他なし』というので、母が『なすは他なし』といって聞かせると、『なすは他なし』といいながら、また本に向うと『なすはは他なし』というので、御褒美のお菓子をあげないよといわれて泣き出したのを覚えている。意味もわからずに唱えているとそんなことになる。そのころは、大人でもよくそんなことがあった。今のからは先々代になる芝翫《しがん》が『北条義政は筏を流し奉る』と舞台でいったという有名な話もその時分のことであった。しかし私の兄のはまだ大理屈がある。『なすは他なし』という三・三音よりは、『なすはは他なし』の四・三音の方が口調がいいので、自然そういったのである。[2]」

【記憶力の重視】 長谷川如是閑は、さらに当時の子どもたちの登校、通学意欲について、次のように述べている。

「初めて学校へ通うのを、今のこどもたちは少しも嫌やがらないが、私のこどもの頃は、どこでも初めて学校へこどもを上げるのには手こずったものだ。相当の家では学校へ送り込んだが、そんなことの出来ない家では、こどもはどうかすると学校へ行かずに、方々を遊び廻って、学校の終った頃に帰るなどというのもあった。寺小屋《ママ》時代にも、『町内送り』をされるこどもが少くなかった。昔は町ごとに木戸があったが、こどもが寺小屋へ行くのに幾つかの木戸を通る場合には、家のものは自分の町内の木戸までこどもを送って、そこから次ぎの町内のものに頼んで送ってもらって、途中からズラかるのを防ぐのである。私のこどものころでも、よく学校へ行く途中に、ダダをこねて往来に寝そべってしまって、附添の女中や小僧を手こずらしているのを見うけた。[3]」

長谷川如是閑の小学校のころの回想は、一事例にすぎないものであって、それは特殊を免れないが、それにしても、当時の国語学習（教授）が、記憶力を重視した、暗誦・記憶を中心にしたものであったことは歴然としている。それだけに、学童たちの通学・登校意欲の低いのも当然であったともいえるのである。（もっとも、長谷川如是閑の回想は、かえって彼の記憶力のなみなみでなかったことを示しているのであるが。）

一八七二年（明治五）九月発布された「小学教則」によると、国語科に関係があると思われる教科ならびにその学習方法は、次ページの表のようであった。[4]

わが国の初等教育において、国語科として独立した教科になるのには、さらに三十年余を待たなければならなかったが、国語科学習において、記憶・暗誦を重視していく基本は、江戸期からの漢学・洋学の方法をも継承して、ここに大きい座を占めたといってよい。文字力、単語力、読解力、作文力など、いずれかといえば、国語学力の各種要素に対応するように、思考力の中でも、記憶力が重視されたし、暗誦ということが有力な学習方法の一つとされていた。

明治初期の記憶・暗誦中心の国語教育は、むろん注入的、受動的な教授・学習という性格を有し、その点からは

学習方法 ＼ 教科目	その教科だけのもの	読方	暗誦	書取	輪講	口授	
1 綴字	○						
2 単語		○	○	○			
2 会話		○	○	○			
3 読本		○			○		
3 地学		○			○		
4 理学					○		
4 史学					○		
5 （国体学）						○	6年改正のときに設けられた。
5 修身						○	
5 養生						○	
6 習字	○						元来一教科である。高学年になるにつれて、教科名が変わっているにすぎない。
6 細字習字	○						
6 細字速写	○						
7 文法	○						
8 書牘	○						これも上に同様。
8 書牘作文	○						

批判されがちであるが、「記憶力」を重視していくことそのことは、今後も教育計画の中で適正に扱われていかなければならない。思考力の裏づけになり、基盤になる記憶力を、軽く見ることは許されない。

二　福沢諭吉の話すことの教育

【「討議」の教育】　長谷川如是閑は、一九三五年（昭和一〇）一〇月記述した『「討議」の教育』[5]において、討議の教育の伝統とその緊要性につき、次のように論じている。

「討議は太古からの常法で、神々の会議や会員会議などから始まつて、中世に於て一時中断されたが、近代に至つて代議政体といふ形で復活したのである。

この近代的代議政体の自然発生的の形式は、大に修正を必要とする情勢になつてゐるが、併し今後のいかなる新らしい制度も、全く討議を封じた形式に逆転することは、不可能である。社会のあらゆる方面、あらゆる組織、あらゆる機関の運用が、何等かの形の討議に依らねばならぬことは、今日の鉄則となつてゐるが、未来も恐らく変りはあるまい。

然るにその永久の常法たる『討議』といふことが、今も昔も、教育の実際に余り取り容れられてゐない。明治の初め、代議政体への予備時代には、会議法とか討論法とかいふ書物が官辺から公けにされたが、それは全く討議について教育されてゐない当時の官吏や人民に、国家が『討議』の俄教育を施さんとしたのであつた。さうした狼狽の経験があるに拘らず、今に至るまで、わが国民教育には討議の訓練が欠けてゐる。討議が私の感情の闘ひになつたり、討議に腕力が手伝つたりするのを防ぐのも、討議の国民的訓練に待つ外はないのである。

子供自身の間では、討議を行ふことは珍しくないのだが、教師や父兄は、その児童の討議を利用して、討議の訓練を施すことを余りやらない。教育者や父兄は、児童の討議の本能を育成する方法を採るよりは、ひたすら結論を呑みこませ（ママ）ようとする。(6)」

日本の伝統文化の性格・特質について関心が深く、とりわけわが国の話しことばの文化と教育について、独自の考察を加えている長谷川如是閑にして、はじめて「討議」の教育の重要性について、右のように大局的にかつ鋭く見ていくことができたのであろう。戦前、一九三五年（昭和一〇）という時点で、こういう頂門の一針を与えているのは、如是閑の見識を示している。――この「討議」の教育、つまり、共同思考、集団思考を、どのように訓練していくかは、国語教育（社会・学校・家庭）の最も大きい課題であるといってよい。

【福沢諭吉の『会議辨』】　福沢諭吉（一八三四～一九〇一）は、同志、小幡篤次郎、小泉信吉との合著で、『会議辨』(7)という小冊子を刊行している。さて、この『会議辨』は、次のように構成されている。

集会を起す手続

○

（はしがき）

○

三田演説会之序

憲法

附例

式目

右のうち、「集会を起す手続」は、この『会議辨』の本論をなすものである。その述べ方は、具体事例に即しつつ、いわゆる「議事法」の原則を平明に説くという方式であって、いたってわかりやすい。「西洋の諸書を参考して、集会の大概を示す」と、「総論」のおしまいに述べてあったように、「議事法」などを説いた文献（複数）にあたって、それらを直訳するのでなく、十分に消化してまとめているようである。

集会（会議）の具体的手順が、高瀬村集会において、道ぶしんの相談をすることを中心議題とする話し合いの進め方を通して、きわめていきいきと示されている。「議事法」の原則を、そのまま箇条書きにして、抽象的なものとして列挙するのではなく、具体例に即して、平明に説いているのである。

具体例を通して、

1　集会への案内状

2　披露人（スピイカー）の依頼

3　発起人会における会頭・書役の選出

4　集会当日の開会のしかた、会頭の選出、動議の出しかた、賛成のしかた、決のとりかた
5　つづいて、書記（書役）の選出
6　集会場の設営のしかた
7　議事の進めかた
8　小委員会への付託
9　披露人の演説
10　小委員会報告、それに対する質疑・討論
11　議決、ほかに、別の方法、また、修正動議のこと
12　散会のこと
13　記録のしかた――その一例――
14　役員とくに会頭の職掌と心得

などを、わかりやすく説きえている。集会の体裁を理解させ、「会議」の進行をわからせるのに、ここに提示された具体事例による方法は、効果的である。具体例をもって提示する場合の常として、やや冗漫に流れ、説明がわずらわしくなる欠陥もないではない。しかし、はじめて「集会」のしかた、「会議」のしかたを学ぼうとする者には、親切な導き方となっている。「西洋の諸書」の単なる直訳・引抄の紹介ではなく、「議事法」について、よく咀嚼がなされ、それを自由にこなして、卑近なテーマを取りあげ、のびのびと説明している。ここに、福沢諭吉、小幡篤次郎、小泉信吉らの、周到で自主的な進め方を認めることができる。それは啓蒙的な方法ではあるが、けっして次元の低いものではない。むしろ、群を抜いてあざやかな着眼のよさを見いだすことができる。

また、高瀬村集会に、小泉信吉、小幡篤次郎、松山棟庵、甲斐織衛、須田辰次郎、猪飼、和田、森下、中川（中上川）ら、『会議辨』の著者たちが実名のまま登場するのも、親しみ深く、中に、腰野抜太のような諷刺のきいた

人名の現われているのもおもしろい。（これらの人名は、一八七四年〈明治七〉六月二七日、三田演説会の初会合に出席した一四名のうちから、そのまま採られ、または、一部改めて採られているのに気づく。）

長谷川如是閑が「当時の官吏や人民に、国家が『討議』の俄教育を施さんとしたのであつた」（前掲）と指摘しているように、明治政府の翻訳局訳述にかかる『会議便法』[8]が世に行なわれていたが、これは会議の要領を訳述・紹介したもので、福沢らの発想とは違っていた。

【福沢諭吉の創意と努力】　福沢諭吉が社友とともに最も力を入れたのは、「三田演説会」であった。「三田演説会」は、一八七四年（明治七）六月二七日に発会し、一八七五年（明治八）五月一日、「三田演説館」がわが国最初の演説会館として新築・開館されてからは、いっそう盛んに行なわれるようになった。

福沢諭吉が「三田演説会」において行なった演説は、一八七五年（明治八）五月一日から一八七七年（明治一〇）末までに、二四回にも及んでいる。二年半の間に、三田演説館において、二四回もみずから演説をしているのは、演説にどんなに打ち込んでいたかを示すものであろう。一八七五年（明治八）、福沢はすでに四二歳、思慮分別に富み、論も熟していた。

一八七四年（明治七）六月二七日、「三田演説会」の初会がもたれてから、一八七七年（明治一〇）四月二八日に至って一〇〇回の集会を重ねた。さらに、一八九九年（明治三二）一二月九日には、「三田演説会」第四〇〇回祝賀会が開かれた。その間、福沢諭吉は、およそ二五〇回にも及ぶ演説をしている。福沢にとって、その「演説」は、生涯稽古であったと考えられる。福沢は、「演説」の実践者として、精進してやまなかった。

福沢諭吉、小幡篤次郎、小泉信吉ら福沢（洋学）グループは、一八七三年（明治六）ごろから、グループ独自の方法で、福沢を中心としつつ、あい協力して、「演説」「討論」「会議」（集会）などの移入・確立に尽くしたと認められる。それは西欧社会に発達し完成されていた、話すことの諸形態を、そのまま模倣していくという他動的な姿勢でなされたのではなかった。文明開化の社会向上のために、また自己主張と共同思考の力強い方法として、見識をもって学ばれたといってよい。

形式面、手続き面の紹介にとどまらず、その集会・演説・討論の実地についての演練がなされた。すなわち、「三田演説会」「三田演説館」の組織と会館とは、そういう活動と精進の拠点となり、継続して成果をあげるに至った。

近代における「話すこと」の諸形態、「演説」、「討論」（弁論）、「会議」（集会）を、意欲的に西欧から摂取し、それをわが国に創始したこと、その育成にみずから先頭に立って努めたこと、それらの「話すこと」の機能と役割を、学者・知識人の社会的使命として認識し、強く訴えるとともに、みずからその課題を実践していったこと、――福沢諭吉がわが国の話しことば教育の出発点において、固成し、定着させ、方向づけたものは、すべて見識と創意とによって進められたものばかりである。

三　発問法の重視

【『改正教授術』の教授原則】　一八八三年（明治一六）、若林虎三郎、白井毅が『改正教授術』[9]を刊行した。これは明治一〇年代の半ば以後、実際教授上の参考書として、広く読まれた。記憶力重視の教授から、心性開発を本位とする教授法へと、一歩前進しようとしたのである。

この『改正教授術』に、「教授ノ主義」（教授原則）として提示してあるのは、次の九つの項目である。

一　活潑ハ児童ノ天性ナリ。動作ニ慣レシメヨ。手ヲ習練セシメヨ。

二　自然ノ順序ニ従ヒテ諸心力ヲ開発スベシ。最初心ヲ作り後之ニ給セヨ。
三　五官ヨリ始メヨ。児童ノ発見シ得ル所ノモノハ決シテ之ヲ説明スベカラズ。
四　諸教科ハ其元基ヨリ教フベシ。一時一事。
五　一歩一歩ニ進メ。全ク貫通スベシ。授業ノ目的ハ教師ノ教ヘ能フ所ノ者ニ非ズ。生徒ノ学ビ能フ所ノ者ナリ。
六　直接ナルト間接ナルトヲ問ハズ各課必ズ要点ナカルベカラズ。
七　観念ヲ先ニシ表出ヲ後ニスベシ。
八　已知ヨリ未知ニ進メ。一物ヨリ一般ニ及ベ。有形ヨリ無形ニ進メ。易ヨリ難ニ及ベ。近ヨリ遠ニ及ベ。簡ヨリ繁ニ進メ。
九　先ヅ総合シ後分解スベシ。[10]

以上は、各教科に通ずる共通の基本原則ともいうべきものであったが、『改正教授術』においては、「読方課」の「緒言」に、その教授の要旨を、次のように述べている。

「読方課ハ総ベテ文字的教育ノ基礎、普通学諸課中最緊要ナルモノニシテ教師ノ最重ズベキ所ノモノナリ。
該課ヲ教授スル進程モ亦観念ヲ先ニシ表出ヲ後ニスルノ主義ニ従ヒ生徒ノ平生談話シテ熟知スル所ノ事物ヲ書記セル符号即文字ヲ以テ認識セシムルヲ以テ目的トスベシ。斯クノ如クスレバ生徒ノ文字ヲ学ブニ当リ唯其形ト音トニヨリテ空記スルノ弊ヲ免レ観念ト文字トヲ結合シテ記臆《ママ》スルヲ以テ其記臆《ママ》ハ自ラ牢固ニシテ抜ケ難カルベシ。故ニ教師ハ能ク斯ニ注意シ其初歩ハ勿論読本ヲ授クルトキト雖常ニ此意ヲ体シテ教授センコトヲ要ス。[11]」

すべて、国語学習を、学習者の心性開発本位にし、学習の成果を確かなものにし、強化していこうとしている。
こうした基本原則が、実地の授業に、どのように具現していったかは、さらに検討してみなくてはならない。原則の発見即授業への具現であったとは、みなしにくい。

【『改正教授術』の発問原則】　さらに、『改正教授術』巻一には、「疑問ノ心得」を説いている。ここで、「疑問」というのは、「発問」にあたる。

まず、

「疑問ノ適否ハ心力ノ開発学業ノ進歩如何ニ関スルヲ以テ教授術中最緊要ナルモノ、一ナリ。故ニ左ノ条項ヲ服膺シ生徒ニ対シテハ一問ト雖モ充分ナル注意ヲ加ヘ決シテ之ヲ軽忽ニスベカラズ。[12]」

と、前置きして、左の一一か条をあげている。

一　明白ナルヲ要ス。
二　主意ニ的中スルヲ要ス。
三　生徒ノ力ニ適スルヲ要ス。
四　簡約ナルヲ要ス。
五　論理的ナルヲ要ス。
六　模擬、語詞、顔色等ヲ以テ暗ニ生徒ヲ導クベカラズ。
七　答旨ヲ含ムベカラズ。
八　答旨ニ反対シタル意味ヲ含ムベカラズ。
九　両様ノ語ヲ発シ之ヲ撰バシムルベカラズ。
一〇　常ニ同法ヲ用キルベカラズ。
一一　一言半句ヲ以テ答ヘシムベカラズ。[13]

発問法は、各教科教育を通じて、たいせつな指導法の一つである。それには、学習者にどのように思考させるかの成否がかかっている。

当時すでに、発問法の原則・心得が確かに提示されていたことは、注目してよい。どう問うかは、どのように思考させるかということにほかならない。学習者の思考力について、認識が深まり、教材についての考察が深まれば、発問はそれだけ、むだのない、深さと的確さとをもったものとなる。

発問法の問題は、ひとり国語科における問題ではないが、言語と思考を、問いと答えという形態において、最も端的に組織し、推進していく機能として、国語科においては、特に重視していくべき方法領野である。

【発問研究の展開】　発問法、問答法については、これ以降、明治・大正・昭和（戦前・戦後）にわたって、たえず研究された。

たとえば、教育学者・谷本富は、一八九七年（明治三〇）一二月の教育学講義において、問答の種類を、1 探求的問答　2 発揚的問答　3 分割的問答　4 反復的問答　5 試験的問答　に分け、さらに問答の形式を五つに分類し、良発問の必要な条件として、1 簡潔　2 確定　3 平易　4 論理的　をあげ、良発問の方法（発問の心得）を説いている。[14]

さらに、一九三八年（昭和一三）七月、教育学者・篠原助市は、「『問』の本質と教育的意義」[15]について論及し、教育活動における「問」の問題を、徹底して掘り下げようとした。

篠原助市は、「問」の論理的構造について、次のようにまとめて述べている。

「一、問は一般的に何等かの点に於て無規定な部分を残す予想客体を完全に規定せられた充実客体になさうとする一種の欲求である。

二、この無規定な部分は決定問に於ては『存在』の方面に関し、補充問に於ては『存在の仕方』（性質）に関する。

三、補充問では存在の側面は完全に規定せられ、同時に存在の仕方も一般的には規定せられ唯《ただ》存在の一定の仕方（存在の仕方の一定の方向）のみが無規定に残される。従つて其の客体はより一般的な判断を予想し、『判断を通して提示せられる。』

四、之に反して決定問では存在も存在の仕方も共に未規定である。従つて又夫れは補充問の如く、判断を其の予想となすことを許さない。言ひ換へれば、決定問の客体は仮想を其の予想とし「『仮想を通して提示せられる。』」[16]

これは、篠原の「問」の研究の一端にすぎないけれども、教育学者、教育研究者によって、徐々にではあるが、たえずそのあり方が考究されてきた。しかし、国語教育の実践者がそれらの原理的な研究を、どこまで摂取しえたかは、また別の問題であって、にわかに楽観視することは許されないのである。

芦田恵之助は、みずからの実践記録（速記による精密なもの）七編を読みかえして、「この七綴の教壇記録を整理した所得は、『他を言ふ前に自を見よ』といふ教訓と、私の問が物になつてゐないといふ事実でした。[17]

私は、自分の教壇記録を整理して、問答について深く考えてみなければならない事を痛切に感じました。[18]

若し篤志の同志があつて、まづ私の教壇記録から、外れた問の研究を始めて下さつたら、私のためには大なる恩恵であり斯道のためには大なる貢献であると思ひます。[19]」

と述べている。斯道の熟達者にして、こういう謙虚な反省をしているのである。真摯《しんし》な省慮が「問い」「問答」のあり方についてなされているのは、「思考力」の問題として、見のがすことができない。――この分野の問題としては、なお今後の努力に待つべきものが多い。

(1) 長谷川如是閑『ある心の自叙伝』七三ページ、一九五〇年、朝日新聞社。引用文中、傍線部は、古田東朔氏によって、同氏『教科書から見た明治初期の言語・文字の教育』四五〜四六ページ、一九五七年、光風出版、に引かれている。
(2) 前掲『ある心の自叙伝』七三〜七五ページ。
(3) 前掲『ある心の自叙伝』七五〜七六ページ。
(4) 古田東朔『教科書から見た明治初期の言語・文字の教育』一一〜一二ページ、一九五七年。
(5) 長谷川如是閑『理想と現実』一九四一年八月、岩波書店。
(6) 同書、五六〜五七ページ。
(7)『会議辯』「木版小型(一八・五×一二・五cm)一冊本。茶色の和紙を表紙とした上隅に題箋を貼る。題箋は太罫の枠の中に

福沢諭吉
会議辯　小幡篤次郎　合著　完
小泉信吉

と記す。見返しはなく、本文十七丁。それに三田演説会之序、憲法、式目を合せて十丁。奥附も刊記もない。」(富田正文氏の解題による。『福沢諭吉全集』第三巻、六六二ページ、昭和三四年四月一日、岩波書店。) 原本には『会議辯』とある。成立については、従来一八七三年(明治六)かと見られてきたが、一八七四年(昭和七)刊ではないかとの推定もなされている。
(8)『会議便法』一八七四年(明治七)一二月、印書局刊。大島貞益・堀越愛国両名がアメリカ人キュッシング氏の編述したものを訳出して成った。

(9) 全三巻。一八八三年（明治一六）六月、普及舎。
(10)『改正教授術』巻一、一ウ～二ウ。
(11) 同書、巻一、二三オ～ウ。
(12)『改正教授術』巻一、二ウ。
(13) 同書、巻一、二ウ～三オ。
(14) 谷本富『教育学講義速記録』五九八～六一八ページ、一八九八年、六盟館。
(15) 篠原助市『教育断想』一九三八年、宝文館。
(16) 同書、二三二～二三四ページ。
(17) 芦田恵之助『恵雨読方教壇』五二七ページ、一九三七年、同志同行社。
(18) 同書、五二八～五二九ページ。
(19) 同書、五二九ページ。

Ⅲ　作文教育における創造的営為

一　佐々政一の作文教育

【吉野作造の作文学習体験】　政治学者吉野作造（一八七九〜一九三三）は、思索と表現の関連の問題について、「私は所謂表現は単純なる表現に止まるものにあらずして、同時に之れには思想整理の心的作用を伴ひ、斯くして精密に思索するの一助ともなるものと考へて居る。表現に成功するの第一歩の条件は思索を精密にせねばならぬ事である。思索と表現とを区別して考ふるのは正当でない。[1]」と述べているが、思想発表の方法という問題については、佐々政一（旧制高校〈仙台第二高等学校〉における国語の先生）の懇切な薫陶を回想して、左のように述べている。

今までに紹介されていない学習事例であるから、吉野作造博士の原文のまま、以下に引用しておきたい。

「私が先生の薫陶を受けたのは高等学校に入校した当時、僅々一年余りの事である。国語作文の先生で、極めて熱心親切な人であつた。此点に於て得る所素より少からずあつたが、就中私の感謝して措かざる点は、作文を二度も三度も書き直させられた事である。たしか一年生の時であつたと思ふ。教科書の外に第一学期に於て鴨長明の『方丈記』を自修せしめられ、それから『方丈記を読む』と云ふ課題で文章を作らしめられたのである。当時私はまだ信者ではなかつたけれども、基督教の楽天的な積極的な人生観にかぶれて居つたから、『方丈記』の全文にも劣らぬ程の長い論文を草して、自分丈けの考では痛快に長明の所説を反駁した積りであつた。佐々先生も或点に於ては楽天的、又積極的の人であつたから、私の態度に素より反対ではなかつた。けれども先生は長明の論拠と私の駁論の根拠とを極めて精密に対照して詳細の批評を朱書せられ、議論としてはまだまだ重大なる欠陥があると指摘せられた。而して最後に先生は、こんな不精密な不徹底な論拠で長明と戦はうとするのはをこの至りである。本当に君が其主張に忠実ならんとするなら、今一度よく考へて書きなほせと云ふ批評で、且又口づから今一度書きなほせと命ぜられた。そこで初めて成る程議論をするには余程精密に思想を練らねばならないナと大いに啓発されて、更に一生懸命勉強して前とは全然面目を改めたつもりの新論文を先生に呈出した。所が先生は之れをも極めて親切叮嚀に対照批評せられ、特に此の二度目の論文では私の文章の論理上の欠陥を極めて痛烈に指摘せられた。而して又之れでも成つてゐないから、今一度書き直せとの注意を与へられた。そこで私は又再び多大の啓発を得て今一度奮励して第三の論文を書いた。之れも亦先生は極めて精密に通読されて極めて細い朱書の批評をせられた。けれども大体に於て前よりも余程満足のやうであつたが、最後の批評にこんな文字があつた。

『之れで君の論拠はよくわかつた。しかし長明は一方の極端に立つて自分の人生観を歌ひ、君は又他の極端に立つて君の人生観を歌つて居るのだ。まだ議論にはなつてゐない。本当に論ずるのならば君はもつと深く突込んで長明の思想を研究し給へ。さうして又もつと精密に君自身の思想を整へ給へ。双方銘々自分の立場を歌つて居るのでは、傍観者は下手な君の方よりも遥かに文章の巧い長明の方に団扇を上げるであらう。[2]』」

【佐々政一博士の卓見】 吉野作造博士は、右のように述べた後、当時の作文指導の実情の一端に触れつつ、佐々政一先生から受けた独自の指導に深く感謝して、さらに次のように述べている。

「話は唯之だけの事であるが、一体中学や高等学校辺の作文の先生は、今日はどうか知らぬが、吾々の書生時代には、一ケ月に一度、甚しきは一学期に一度位、当世とは何の係りもないやうな題を与へて作文を求めらるるが、碌々添削もせずに返すのが常で、甚しきはまるで返さないものもあつた。稍親切な先生でも字の誤りや仮名遣ひを訂す位に過ぎぬ。其の最も親切な人と雖も、添削の方針は文字句章の修飾に止り、一個の議論として成立つか、一個の議論として力あるものとなつてをるか、と云ふ様な点を顧慮してくれる人は殆どない。わが佐々先生に至ては我々の作文をあれ丈け叮嚀に読んで批評せられた。其親切と労苦とを多とすべきは云ふ迄もないが、之を一個の議論として成り立たしめようと云ふ見地から我々を指導されたのは、今より顧みて非常な卓見と感服せざるを得ない。而も同じ文を三度も書き直させたと云ふ見識に至つては実に感歎の外はない。のみならず、私自身は之れによつてどれだけ啓発せられたか分らない。三度迄叮嚀に批評せられたと云ふ事から受ける利益（之れとても非常に大なるものであるが）ばかりでない、更に先生の態度見識を心読玩味する事によつて、私はどれだけ利益を得たか分らない。私は自ら顧みて此時を機として私の作文する時の態度や心持が一変したことを自覚する。私は小学校時代から文を作る事が好きであつた。中学時代にも作文の先生からは可愛がられたと思ふ。けれども若し私が今日自分の思想を文に表はす上に於て多少得る所ありとすれば、其功の大部分は之を佐々先生薫陶の功に帰せざるを得ない。生前之れを先生に告げ且つ謝するの機会を得なかつた事は、今日私の深く遺憾とする所である。(3)」

吉野作造は、一八九七年（明治三〇）九月、二高の法科に入学している。在学中、高山林次郎（樗牛）よりも、佐々醒雪に大きい影響を受けていた。とりわけ、作文指導において、独自の方法による修練をさせられたのであった。

くりかえし、三回書き直しをさせて、思考・表現を徹底して訓練していく方法がとられているのである。旧制高校の一年の時の例ではあるが、議論（論説文）の指導においてとられているこの方法は、当時として卓抜であっただけでなく、後代にも示唆を与えてやまぬものがある。吉野作造の生涯にわたって、大きい感化を与えた、徹底した訓練のしかたには、とかく形式的にきれいに流れてしまいやすい現代の作文指導にとっても、教えられるところが多いであろう。

【佐々政一の『中学生作文講話』その一】 佐々政一（一八七二〜一九一七）はその著『修辞法講話』[4]を基礎として、中等学校生徒または尋常小学校卒業生を対象にして、作文を自習せしめるため『中学生作文講話』[5]をまとめている。四編二八課から成って、記事文、叙事文、説明文、議論文について、作法を細かく具体的に説いている。

この『講話』において、佐々政一博士は、「作文に最も大切なる心得」として、

「第一　決して嘘を書いてはならぬ。

第二　よくわかるやうに書かねばならぬ。」

と、二か条をあげて説いている。

さらに、佐々政一博士は、叙事文の観察点について述べ、観察点のたいせつなことを、『平家物語』の「扇の的」を例にとって、左のように説明している。

「1　扇の的――観察点、源平両軍の中間

寿永四年二月、源義経、兵をひきゐて四国に渡り、その十七日、急に平家の軍を屋島に攻めしかば、平家の軍大いに敗れて、ことごとしく海にのがれ出でたり。

2　日の暮れんとするころ、一人の女子をのせ、日の丸の扇を竿にはさみて舳先に立てたる一艘の船、沖の方より漕ぎきたり、『この扇を射よ』とて、源氏の方を打招けり。やがて、岸の方より、逞しき馬に乗り、弓をもちたる一人の武者しづしづと波の中に進み出でたり。これ那須与一宗高が、大将義経の命によりて扇を射んとするなり。折しも北風吹き起り、船ゆり動きて、扇の位置定まらざりければ、敵も身方も鳴をしづめて、手際いか

にと見守りたり。宗高は目を閉ぢて、『この矢はづさせ給ふな』と、心に神を念じつゝ、弓を満月の如くひきしぼり、弦音高く射たりしに、ねらひ過たず、扇の要にあたりければ、扇はひら〳〵と空に舞ひ上りたり。敵もみかたもこれを見て、『射たりや、射たり』と箙を撃ち、舷を叩き、賞め囃す声、暫しが程は止まざりけり。(6)」

右の文章は、身を源平両軍の中間に置いて、当時のありさまを、海上から見物したような心持ちで書いたものであるが、それを観察点をかえて、次のように書き改めて示しているのである。

「2　扇の的――観察点、源氏の軍から

寿永四年二月、源義経、兵を率ゐて四国に渡り、その十七日、急に平家の軍を屋島に攻めて、こを海上に逐ひ退け、浦近く陣を張りたり。

日の暮れんとする頃、一人の女子を乗せ、日の丸の扇を竿にはさみて、舳先に立てたる船一艘、沖の方より漕ぎくると見る程に、『この扇射よ』とさしまねくなりけり。

大将義経、那須与一宗高に命じて、これを射しめければ、宗高は必定射当つべきことも期し難けれど、君の仰はもだし難し。射損じもせば、腹かき切つて失せんと思ひ定めて、逞しき馬に打乗り、弓矢を手ばさみて、波中に進み出でたり。折しも北風吹き起り、船ゆり動きて、扇の位置定まらざりければ、身方の勢は、流石の宗高も仕損じはせざるかと、手に汗にぎりて見守りたるに、宗高目を閉ぢて、この矢はづさせ給ふなと、神に念じつゝ、弓を満月の如く引きしぼり、弦音高く射たりしに、ねらひ過たず、扇の要にあたりければ、扇はひらひらと、空に舞ひ上りたり。これを見たる身方の勢は、『射たりや、射たり』と、箙を撃つて賞め囃せば、敵も流石に驚歎して、舷を叩いてどよめきつゝ、しばしは鳴もやまざりけり。(7)」

【佐々政一の『中学生作文講話』その二】　右の文章を、さらに観察点をかえて、平家方から観察したものに改作し、それを次のように提示している。

「3　扇の的——観察点、平家の軍から

寿永四年二月、平家は四国の屋島に陣しけるに、その十七日といふに、源義経の軍に襲はれて大敗せしかば、全軍海上に逃れたり。

その日の暮れんとする頃、天運の程をも試みばや、敵の弓勢をもためさばやと、一艘の船に一人の女子を乗せ、舳先には、日の丸の扇をさしはさみたる竿を立て、陸の方に漕ぎよせつゝ、『この扇射よ』と招きかけたり。やがて、逞しき馬に乗り、弓をもちたる一人の武者、しづ〳〵と波の中に進み出でたり。如何に胆太き男なるらん、この扇射んとするはと、見てある程に、折しも北風吹き起り、船ゆり動きて、扇の位置定まらざりければ、神をもや念ずらん、風間をや待つらん、しばし打ちしづめて、やがて弓を満月の如くひきしぼり、弦音高く射たりしに、ねらひ過たず、扇の要にあたりければ、扇はひら〳〵と空に舞ひ上りたり。『射たりや、射たり』と、陸なる敵の、箙を撃つて賞め囃すは言ふもさらなり、敵ながら天晴の手練に、身方も覚えず舷を叩いて感歎する声、しばしは鳴もやまざりけり。

このけなげなる若武者こそ、名高き那須与一宗高と、後にぞ聞き知りたる。(8)」

佐々政一博士は、このように三例（1～3）を示しつつ、「かくの如く何処に観察点を置いても、書けないことはない。併しこの材料は、源氏の与一が扇を射たことが、最も大切なことであるから、源氏方か又は中間から見た様に書くのが至当であつて、最後の、平家方から見た書き方は、少し無理である。(9)」と述べている。

適切な具体例をあげて説述しつつ、講話の末尾には、必ず具体的な課題が提示してあった。当時、すでにコンポジッションについて、それを形骸化せず、自在に会得して、自習本位の作文学習に採り入れ、生かしえている点で、現下もなお学ぶべきものを有している。

さきに掲げた、吉野作造博士の学習回想にも見られたが、この『講話』においても、議論文について、精細に論及されており[10]、実例をあげて、こまかに説いている。かつて、仙台で吉野作造が議論文について鍛えられたことも、けっして偶然のことではなかったことが知られるのである。

佐々政一みずからは、その著『修辞法講話』（前掲）の「自序」において、「自分は明治二十九年に大学を卒へると、その九月から、直に高等学校生徒の作文を添削しなければならぬ位置に就いた。爾来二十余年、作文といふ学科に関係のなかつたのは僅々二三年である。その間、自分の取扱つた生徒は、常に中学の卒業生のみであつたが、併し中学や小学の作文の授業やその成績は随分広く観察もし、研究もしたつもりである。[11]」と述べている。ここに、その作文教学体験の豊かさもうかがわれるのである。

二　芦田恵之助の綴方教授

【『丙申水害実況』】　芦田恵之助（一八七三～一九五一）は、一八九六年（明治二九）八月三一日午後からの京都府下福知山水害にあい、九死に一生を得た。その折の体験・見聞いっさいを、「丙申水害実況[12]」という記録にまとめた。そのことについて、芦田恵之助はみずから、その自伝[13]に次のように述べている。

「私は九月一日の朝、九死に一生を得て、隣の屋上から洪水の惨状を目撃した時、福知山をして、再びこの惨害を被らしめてはならないと考えました。それにはこの悲惨の現状や、惨害を大ならしめた原因等を、詳細に調査記載して、後に残し、年々の記念日に語りあって、警戒を怠らないのが、最も有効な方法だろうと考えました。出来上ったの早速材料の蒐集に着手し、あつまるに従って綴り、山口加米之助先生に文章の添削を請いました。出来上ったのを『丙申水害実記[14]』と命名して二部清書し、一部は学校に、一部は藤木喜兵衛翁に寄贈しました。これには水害の翌年、四月頃までかかりました[15]。」

『丙申水害実況』は、このような動機によって成立したのであるが、四百字詰め原稿用紙に換算して、一二〇枚にも及ぶもので、福知山水害に関して、古老の談話をはじめとして、当時の悲惨な状況が、六十数項目に分けて活写されている。

この「実況」には、付録として、丹波水害の実況が京都の『日出新聞』の記者、鏡川によって報道されたものを、参考までに収めている。文章としては、「実況」をまとめている芦田のほうが活気にあふれており、はるかに迫力がある。

当時の芦田の文章に直接感化を及ぼしたのは、この年八月、綾部において長期講習が開かれ、講師として出講していた落合直文であった。その間の事情について、芦田はみずから次のように回想している。

「綾部の大講習会が、会員に与えた効果は、実に偉大なものがあったと思います。私には落合先生の印象が最も強いのでした。白のかたびらに黒絽の羽織、ごわ〳〵した仙台平の袴をだらりとはいて、壇に立たれた先生は、何ともいえない気品の高い方でした。後年国民小説で、先生の筆になる七株松を読み、仙台伊達侯の一家、気仙沼の家老と知って、うじは争われないものと思いました。先生の講演は、程なく出版される大日本文典の原稿四冊を携えての事ですから、論断の明晰、引証の該博、きいて酔わざる者はなかったでしょう。先生の板書の巧妙は何んともいえないもので、私はその筆癖だけを[16]学んで来ました。

私が特に落合先生の感化をうけたのは、先生と小中村義象先生共著の、新撰日本外史を耽読していたからでしょう。この講習中の突発事件で、会員中に、和知川のいせき内で、水泳中溺死したものがありました。私どもは講習時間の一部をさいて、慰霊祭に列しました。その霊前に手向けられたとむらい文は、落合先生の作で、近藤九一郎君が読み上げました。かねてからあこがれていた落合先生の文を、この現実の上に聴いたのですから、全く感銘の深いものがありました。私は作文について、多少の趣味を持っていましたが、文はかく書くべきものだとの活指導を得たのは、実にこの時でした。[17]」

芦田の文章表現力につちかったものとして、頼山陽（『日本外史』）↓落合直文↓といった、触発の契機を考えることができると同時に、現実の福知山大水害に直面して、それを記録化していこうとする実証精神に注目しなければならない。

【教材「水見舞」】　『尋常小学国語読本　巻五』[18]の二一課は、「水見舞」という教材である。これは、芦田恵之助の執筆したものと伝えられている。[19]それは、次のような教材である。

「二十一　水　見　舞

おとうさんにうかゞひますと、叔母さんの町に大水が出たさうです。皆様におけがもございませんでしたか、お見舞を申し上げます。

九月七日　竹子

叔母上様

返事

お手紙をありがたう。おとうさんへ電報で御返事をいたしたやうに、うちには大した事もありませんでしたが、中々のさわぎでした。（ママ）」九月にはいつては雨つゞきでしたが、四日の日は朝からひどい雨で、夕方から風もはげしくなりました。大水が出なければよいがと心ぱいして、夜中に手をけやはき物まですつかり二階へ上げました。

夜明け方になつて、雨も風もやみますと、急に川水の音がごう〳〵と聞えて来て、間もなく火の見で半しようをうち出しました。其の時表で水だ〳〵とさけぶこゑがしましたので、二階のまどからのぞいて見ますと、水が表の通をさつと洗ひました。叔父さんは大へんだ土手が切れたといつて、すぐ屋根へ出ました。たちまち水が二尺になり、三尺になり、五尺にもなりました。うら手で助けてくれ助けてくれと呼ぶこゑが聞えましたが、うちでも下の雨戸がたふれ、中からうすやたらひがぽかぽか流れ出すほどで、どうすることも出来ませんでした。

其のうちに、どうやら水が二階にもつきさうになつたので、わたしは正男をつれて物ほしへ出ました。仕合はせに水はそれからふえませんでしたが、町は大てい水につかつて、人家も七八軒流れました。うちでも一時は飲水やたべ物にこまりましたが、今ではあとかたづけも大がいすみました。どうか御安心下さい。

おとうさんやおかあさんには、取りまぎれてまだ手紙も上げずに居ります。どうぞよろしく申して下さい。

九月十五日　　叔母から

竹子様[20]」

この教材「水見舞」は、かの「丙申水害」の体験をふまえて、執筆されていた。真に迫る述べ方は、そこから生まれたと思われる。

一九一七年（大正六）、芦田恵之助は、文部省嘱託として、毎週水曜午後、文部省読本編纂室に通うようになり、八波則吉《やつなみのりきち》、高野辰之両氏の『尋常小学国語読本』の編纂を手伝っていたのであった[21]。

『丙申水害実況』→教材「水見舞」、こうした芦田恵之助の表現活動の発展には、教材の産出・定着という視点からも、注目すべきものがある。

【児童読物『試験やすみ』】　芦田恵之助はまた、一九〇一年（明治三四）から一九〇四年（明治三七）まで、足かけ四年、姫路中学に助教諭として勤めた。在職中、芦田は金港堂の『文芸界』が尋常四年の児童読物を募集したのに応募して、一等に入選した。これは、一九〇二年（明治三五）一二月一七日、金港堂から『試験やすみ』[22]として刊行された。

『試験やすみ』は、すべて九章から構成されているが、一～四までは、試験やすみ（春休み）を有意義に過ごそうとする小学校三、四年生の企画ぶりとその準備のありさまを写したものであり、五～九までは、文字どおり試験やすみ期間の諸行事（錦絵展覧会・動物園・運動会・花見・幻燈会）を活写したものであって、児童たちが自発的、自主的に行動して、これらの諸行事はすべて子どもたちの手によって運営されている。

この『試験やすみ』の前半（一～四）では、児童の言語生活が、「提示」、「討議」（級会での）、「会議」（春山の家での）、「報告」、「面談」（校長との）、「広告」と多角的に的確に描かれている。それは明治三〇年代のこととは思えないくらい新鮮な感じを与える。描き方には実感がこもっていて、けっして仮設的、模擬的なものという印象を与えない。読物としては、予備的、導入的部分であるが、ここにとらえられている児童の言語生活については、本格的なもの、実感にあふれたものが看取され、執筆後七〇年余を経た今日でも、あざやかな印象、感銘を受けるのである。

当時、『文芸界』の編輯主任は、佐々醒雪（政一）であり、そこに応募し入選した芦田恵之助との出会いが見られたのである[23]。

この『試験やすみ』が執筆されたころ、姫路中学には、後の倫理学者・和辻哲郎が学んでいた。芦田恵之助先生に教えられたことについては、和辻哲郎博士みずから、次のように述べている。

「中学一年の秋[24]に初めて先生を国語漢文の教師として迎へた時には、何か非常に活気のある、新鮮な、爽かな空気にふれるやうな気持がした。それは先生が非常に熱心に教へられたことにもよると思ふが、その上に先生独特の教へ方が、すでに先生のうちに働いてゐたのだらうと思ふ。文章の味特に俳句とか和歌とかの味を伝へることは非常に上手であつた。皆に作文をのびのびと書かせることも、赴任して来られてから間もなくすでに成功してゐられたと思ふ。先生の赴任されたのが九月で、それから二箇月ほど経つて十一月に書写山への遠足があつたが、その遠足の作文を先生に大層ほめられた覚えがある。書写山への途中、村々を通りぬけて行く時に、柿の実の美しく熟してゐるのが眼についた。それをそのままに書いたのがよかつたのである。[25] 多分先生がそれを教場で読み上げられたのであらう。その結果わたくしはパーシモンという仇名をつけられ、頻りにからかはれた。[26]」

明治三〇年代後半に、芦田恵之助が小学校において随意選題を提唱する前に、彼はすでに右の回想に見られるような実践をしていたのであった。

吉野作造と佐々政一先生との間でなされた作文教育とはまた違った、作文指導が、姫路においては、和辻哲郎（中学生）と芦田恵之助先生との間で行なわれていたのである。

和辻哲郎の簡略な回想の中に、かえって当時の芦田恵之助の作文教育の様相が具体的に描かれている。「文章の味特に俳句とか和歌とかの味を伝へることは非常に上手であつた」とあるのも、芦田の表現鑑賞力の卓抜さを伝えるとともに、それが文章（綴方）教育を推進していく原動力の一つであったかと考えられる。

【萩原朔太郎の作文学習体験】 詩人萩原朔太郎（一八八八〜一九四二）は、明治二〇年代後半から明治三〇年代前半にかけての作文学習体験について、次のように回想している。

「学校の時、僕は作文の時間が大嫌ひであり、同時にまた大好きであつた。嫌ひといふわけは、受持ちの教師によつて、僕に全く興味のない課題を出すからだつた。例へば『机』といふやうな題を出して、所感を述べろと言ふのである。但しその前に、教師が一通り説明する。即ち机が如何なる材料によつて造られてるか。使用の目的は何か。種類はいくつあるか。形はどうであるか。脚は何本あるか。等々の説明である。こいつが僕には苦手であつて、どうも教師の言ふ通りにうまく書けない。仕方がないので、結局『机ハ木ニテ造リ、勉強ノ道具ナリ。』と一行に書いて出し、丙を頂戴することになる。もつと困るのは、日常書簡文の練習である。例へば『花見に友を誘ふ文』といふやうな題を出される。僕にはそんな友人が無い上に、てんで花見に行かうなんて気がないので、いくら頭をひねつて考へても、何にも書くことの材料がない。そこで結局『花見ノ頃トナリマシタ。明日午後、上野へ御一所ニ行キマセウ。サヨナラ。』と、簡単明瞭に書いて出し、教師から駄目を押されて叱責される。そこへ行くと優等生の模範作文はうまいもので、先づ陽春の気候を叙し、桜花の美を讃へ、遊山の興を述べ、友の近況を問ひ、最後に眼目の用件を述べるのである。もつともこれは、初めに先生が一通り概説してくれるのだから、生徒の独創で書いたのではなく、文字通り『文を作つた』文章なのだが、それが即ち『作文』としての上乗なのだ。一体、学校の優等生といふ連中は、他のすべての学課を通じて、かうした『要領』を摑むことの名人なのだ。あへて劣等生であつた僕が、負惜しみで言ふわけではない。

しかしまた教師によつては、時に自由課題等によつて、生徒の所感を勝手に書かせる場合もある。かういふ時には得意のもので、滔々数千言、教師を驚かせるやうな長文を書き、ウルトラ甲上の三重丸を頂戴した。そこで僕の作文点は甲上と丙下の両極端で、中間の乙といふ点が無いのであつた[27]。」

この回想には、若干の誇張も感じられないではないが、また一面、明治中期の綴方教授を浮き彫りにしている点も見のがせない。芦田恵之助の随意選題の提唱以前に、児童・生徒の自主的な思考力、感受性を開発していこうとする作文教育、綴方教授のあったことも、いま一度確かめてみなくてはなるまい。明治期の作文教育を範文模倣期としてのみ扱うことは、やはり画一的な見方にすぎるであろう[28]。

【随意選題の堕落】　芦田恵之助の提唱した綴方教授における随意選題主義は、わが国の近代作文教育の基礎の一つを確かに構築したといってよい。随意選題は、児童の思考・感性を伸びやかにして、いきいきとした表現への基盤を形成する役割をもった。

芦田恵之助の綴方教授の成果やその史的役割については、すでにすぐれた論究がなされてきた。[29]——今ここで言及しておきたいと思うのは、芦田恵之助が「随意選題に内省の欠けた場合は、それは一種の堕落だと思ひます。[30]」と述べている点である。芦田によって探求され、禅・静坐を通じての体得に基づいて、国語教育に生かされていった「内省」の問題は、国語教育における思考力の問題として、最も重要である。芦田が「内省」の欠如による随選の堕落の問題に言及しているのは、単に大正末期の綴方教授界に対してなされた、一時的のこととのみ見るべきではなかろう。「随選の堕落」と言いきれる、そしてそれを正しい姿にひきもどそうとした芦田の心構えは、真剣であり、やむにやまれぬ気持ちにかられていた。

ここでは、芦田恵之助の随意選題の芽ぐむところとなった、『丙申水害実況[31]』をはじめ、教材「水見舞」、児童読物『試験やすみ』など、初期の創造的営為に、後年の芦田の独自の国語教育の源泉があることを認め、そこから摂取すべきものの少なくないことを指摘しておきたいと思う。[32]

（1）吉野作造『講学余談』三二二ページ、一九二七年、文化生活研究会。
（2）同書、三二二〜三二五ページ。
（3）吉野作造『講学余談』三二五〜三二七ページ。なお、この学習回想事例について、ご教示をいただいた橋田憲明氏（高知大学教育学部付属中学校教諭）に感謝の意を表する。
（4）佐々政一『修辞法講話』一九一七年、明治書院。この『講話』には、付録の一つとして、「作文教授法」（全一〇章）

が収められている。

（5）佐々政一『中学生作文講話』一九一七年、明治書院。

（6）同書、一二五～一二六ページ。

（7）同書、一二六～一二七ページ。

（8）佐々政一『中学生作文講話』一二七～一二八ページ、一九一七年。

（9）同書、一二八～一二九ページ。

（10）『講話』第四篇に、議論文について説き、演繹法、帰納法、証拠の性質による分類、議論文の秩序、勧誘などについて論及説明してある。

（11）佐々政一『修辞法講話』二ページ、一九一七年。

（12）芦田恵之助の自筆稿本。和とじ、約一二〇枚分からなる、実証的な精細な丙申福知山水害の実況記録。これは、昭和三九年、石井庄司博士により、発見された。

（13）芦田恵之助『恵雨自伝』一九五〇年（昭和二五）一一月二五日、開顕社。

（14）稿本には、「実況」となっている。自伝執筆時の記憶ちがいによるものか。

（15）芦田、前掲書、一二二ページ、一九五〇年。

（16）芦田恵之助の板書は秀抜、すこぶる丹念端正をきわめ、指導法と密接にかかわっていた。

（17）芦田、前掲書、一一一～一一二ページ、一九五〇年。

（18）いわゆる「白表紙」といわれる国定国語読本。大正七年度から使用せられた。全一二巻。

（19）和光大学教授・古田拡先生のご教示による。

（20）『尋常小学国語読本　巻五』八二～八九ページ。

（21）芦田恵之助『恵雨自伝』二四〇ページ、一九五〇年。

（22）芦田恵之助『試験やすみ』は、菊判九四ページ、口絵一、さし絵一九の児童読物であった。

(23) 後年、一九一三年(大正二)八月、芦田恵之助は、佐々政一から、『文章研究録』(月刊雑誌)に、執筆を依頼され、綴方教授法・読方教授法について連載するようになる。

(24) 一九〇一年(明治三四)の九月。

(25) 『和辻哲郎全集』第一八巻(一九六三年)所収「自叙伝の試み」には、「書写山の麓近くの村々では柿の実が美しく赤らんでいた。で、その印象を作文の中に書き込んだのであるが、その部分に半枚ほどにわたって点々と朱の点が打ち続けてあった。それを教場でも激賞したとみえて、その後しばらくの間級友から『おいパーシモン』などと呼ばれた。」(二八四ページ)とある。

(26) 和辻哲郎稿「芦田先生の思ひ出」、実践社編『回想の芦田恵之助』二〇ページ、一九五七年。

(27) 萩原朔太郎『日本への回帰』三二三〜三二四ページ、一九三八年、白水社。

(28) 『改正教授術』巻一(一八八三年)には、すでに「復文的方法」に対して、「自作的方法」をあげている。これには、「自作的方法トハ題ヲ与ヘテ各自ノ観念ヲ表出セシムルヲ云フ」(三一ウ)とある。

(29) 波多野完治『第二信号系理論と国語教育』一九六一年、所収、「芦田・友納論争」、「芦田恵之助について」などの論文。鶴見俊輔稿「日本のプラグマティズム――生活綴方運動」(『現代日本の思想』一九五六年、所収。)沖垣寛『随意選題綴方教育の真髄』一九三五年、など。

(30) 芦田恵之助『国語教育易行道』二四七ページ、一九三五年。

(31) 芦田恵之助は、『国語教育易行道』において、「文体は落合先生流ですが、中に盛込んである想は、私の生命でした。この頃から、私は題作に対して、反逆の態度をとったのです。」(二三九ページ)と述べている。

(32) 綴方教育における思考の問題としては、生活綴方教育運動を当然取りあげなければならないが、これについては、すでに、明治図書講座学校教育2『日本教育の遺産』一九五七年に論究されているので、ここではふれなかった。

Ⅳ　大正・昭和期における思考力の探究

一　大正・昭和期における形象的思惟

【「コトバ」における思考の清純】　垣内松三《かいとうまつぞう》（一八七八〜一九五二）は、その学問に関する自叙伝風の講述『言語形象性を語る』(1)において、一九三一年（昭和六）ごろからの国語教育の学的探求を回想して、次のように語っている。

「昭和六年頃から再び国語教育の事象を観ることになつた時、自分ながら驚いたのは、国語教室の事象はあまりかはつてゐないにしても、自分の観る眼が著しくかはつたことを自知したことであつた。国語文化の本質を見定めるには、抽象的、具体的とか観念的、実証的とか言合つてゐることではなく、先づ大地に叫ぶ声を聞き、そこに息づく呼吸が聴きとれる位置に立たねばならぬ。学問は、それと聯関して、基礎づけられねばならぬ。かう考へた時、これまでの思考と経験とがたゞ一点に集中せられるやうに思へた。国語教育はもつと広く且つ深く考えなければならないと思つた。従つて、これまで考へて来たことは、『原理』と『事象』と『実践』といふ有機的関係に於て現成せられると思ふやうになつた。こゝで初めて、文献学から考へた方法論考察を離脱して、思考の論理の簡潔性を得ると思つた。方法論的考察に終始した形象理論を置去りにして、それに深みと広さとが加速度的に増したのもこの頃であつた。(2)（傍線は引用者）

知性と技術のどん底に足を踏みしめた時、かねて沈んでゐた問題が早くも浮上つて来るのを感じた。それは容易な問題ではないが、それから以後の方向が、専らその道程に立つて居ることを見ても、漸く四十年代を踏み越えて、更に新しい峠にさしか丶つたやうなものであつた。そして具体的な指標として『コトバ』を以て之を表はすことにした。それはカールビューラーの考へる「単数としての語」と通ふところもある。それは精神と記号、知性と技術、象徴と存在等の一切の両極性の統一としての頂点であつた。かうした考へ方は、後の批判に待たなければならないものかも知れないが、永い間の学人生活の結晶として獲得した唯一のものは、『コトバ』に於ける思考の清純を求めることであつた。」[3]（傍線は引用者）

簡略な述べ方ではあるが、ここに、垣内松三の樹立にかかる「形象理論」「国語教育」の学的探求に関して、その内界が端的に語られている。「コトバ」における思考の清純を求めるということは、言うはやすく、それを貫くことはむずかしい。しかし、垣内松三の志向したところが、幾多の曲折を経て、そこに至っていることに注目しなければならない。

国語教育の実践と研究とに、垣内が適用した、慎重な方法論には、特にそれを扱っていく態度には、今日なお学ぶべき点が少なくない。

【『国語の力』の成立】　これよりさき、一九二二年（大正一一）五月、垣内松三によって、『国語の力』[4]がまとめられた。これは二〇年来の垣内の思弁と探索との結晶ともいうべきものであった。本書によって、はじめて国語教育は、「読むこと」「理解すること」に関し、その対象と方法とを、統一的にとらえることができるようになった。つまり、解釈についても、形象についても、解釈・鑑賞の対象としての言語文化の体系的把握についても、周到につきとめていこうとする態度が根本にあって、二〇年来の実践と思索とを統合しえているのである。大正末期・昭和前期の青年教師たちが、この『国語の力』に接して、国語教育への目を開かれたのも、『国語の力』に流れている、独自の創造性にあふれた思弁に促されてのことであろう。

『国語の力』のおしまいに近く、垣内松三は、次のように述べている。

「読方（解釈）綴方（作文）文法（修辞学をも加へて）が相互に協力して、文化の表現の作用を常に指示するものであるならば、『国語』の学習又は教授は、人の心を目覚めさせ、その活動を促す力となるであらう。もし国語教育がかくの如き統一の上に立つのでなかつたならば、唯知識の断片を心の中に堆積せしむるのみであつて、心の底より生きた力を誘ひ出す力とはならぬであらう。世界大戦の中に於ても、また平和克復後の今日に於ても、言語（文学）の教育が重んぜられ、又重んぜられて来たのは、疲憊《ひはい》したる人心の新生をこゝに求むるためであつて、人性の内から内に還つて、その根柢から生気を喚起する力の動因であるからである。これと正反対なる無性無力な国語の学習教授の態度は、人心を萎縮させ愚鈍にすることにのみ有効であらう。(5)」

垣内松三は、このようにして、一九二〇年代前半において、国語の力を発見し、国語教育の真の役割を見いだし、読んで理解していく、解釈の方法についても、一つのめどをつけるようにしていった。――『国語の力』には、垣内学の原型と源泉とを見いだすことができる。

垣内松三の最も力を注いだ「形象理論」は、国語教育の現場とすぐに結びつく性質のものではなく、本来もっと根源的な、言語形象追求の学であった。そこに構築されたものの複雑さあるいは難解さは、すでにしばしば指摘されてきたところであるが、「形象」を問うこと自体の重要さは、戦後の今日になお引き継がれている。とりわけ、文学教育の分野で、「形象」の問題は、さらに意欲的に探求されているといってよい。

二　戦後国語教育における思考力の重視

【「かんがえことば」（思考語）の着想】　一九五一年（昭和二六）、望月久貴《もちづきひさたか》氏（当時東京学芸大学教授）は、『かんがえことば（思考語）と国語教育論』[6]を刊行した。その中で、同氏は、「かんがえことば（思考語）」の設定を提唱し、「言語教育を実践する上での技術的操作から、思考語を設定しようとするのである[7]」と述べた。

望月久貴氏は、

思考過程─┬↘音声化＝口頭表現→音声思考過程
　　　　　└↙文字化＝文章表現→文字思考過程

思　考　語（かんがえことば）─┬↘音声言語（はなしことば）→音声思考語
　　　　　　　　　　　　　　└↙文字言語（かきことば）→文字思考語

このように図示し、「思考作用の結果は、口頭や文字によって表現され、表現されれば、聴覚や視覚によってそれを享受する者に反応して、思考作用を提起するのである。これをことばの方面からいえば、整理された『かんがえことば』は、はなしことばやかきことばに表現される。それを享受した場合は、それが動機となって、新しい『かんがえことば』が組立てられるのである[8]」と説いている。

氏の「かんがえことば」（思考語）の着想は、さらにその指導の方法にも及び、話しことば、書きことばの二つの場に分けて考究された。氏はその考え方を、みずから次のように要約された。

「要するに、現在の国語教育は、ことばを聞き、話し、書き、読むという言語活動の諸部門を、効果的に遂行する技能をみがき、態度を養い、知識をたくわえることにあるのであるが、その聞き方、話し方、書き方、読み方の学習指導は、それに関与する「かんがえことば」の整序、処理ということに、至大な連関を有するものであり、ここに「かんがえことば」として、さまざまの思考過程を秩序づけることが、便宜有効であろうと考えるのである。[9]」

氏の着想と提唱とには、思考語に着目したものとして、注目すべきものがある。

【コトバ⇅思考力をおさえて】　大久保忠利氏（当時都立大学教授）は、「思考力⇅コトバをたしかにとらえつつ、コトバに即して、話しコトバを指導するという点に重点をおき[10]」、話しことばの教育のあり方を追究した。大久保忠利氏は、話す能力の五つの基本要素として、

1　認識と論理性――対象（もの、こと）の正確な認識（真理性）と、考え・話をつらぬく明確な論理

2　話の内面言語の構成――語選び・文の形の整え・段落つくり・全体構成→わかりやすさ・説得性

3　音声・表情など――話の内容を最もよく通達する上での、音声・表情の的確さの機敏な選択・実現の能力

4　相手の理解度を測定しつつ、自分の言表方法を瞬間的に反省・修正するフィールドバック能力

5　話しつつ考え、考えつつ適切に言表する、立って考える能力――自分の考えの発展と修正とを含んで[11]

これらを設け、話しことば教育のあり方に言及した。

氏は国語教育について、「単なる読み・書き教育の段階から（読み・書きの力をつけることは、もちろん大切ですが）、『内言』の能力を含めて、話し・聞く⇅考えるについてもその課程に組み込まれ、総合して、『日本語を正しくつかう』⇅『思考力を育てる』ことに目標をおくことによって、いっそう質の高いものに発展[12]」させることができると考えている。[13]

【国語科における思考力養成】 輿水実氏は、その著「現代の国語学力」[14]（『国語学力診断指導法体系1』）において、現代の国語学力観の基調に、聞く・話す・読む・書くを思考スキルとしてとらえていこうとする立場のあることを指摘し、さらに、国語科における思考力養成の問題を、次のように六つにまとめて提案した。

一、興味主題を選んで与えること、あるいは、取り扱われている話題・題材に対して興味・関心を喚起すること
二、思考発問を多くすること
三、用字、用語、句読点、文、文章の組み立てなど、ことばの問題を、すべて、思想の実践として取り扱うこと
四、作文において、もっと意識して思想構成法を教えること
五、批判的思考をのばすこと
六、思考スキルの取り立て指導（「段落ごとにまとめる」とか「要点をおさえる」とか「要約する」とかいうことは、思考スキル、思考法であるという。[15]）

箇条的な示し方であるが、これらによって、国語科における思考力養成の問題が総合的に取りあげられている。もっとも、これらの考え方は、現下のものであって、国語教育の遺産というのではない。

しかし、一～六の問題が、明治・大正・昭和（戦前）において、部分的にではあるが、取りあげられていたのは、今まで見てきたとおりである。

（1）垣内松三『言語形象性を語る』一九四〇年、国語文化研究所。
（2）同書、六〇～六一ページ。
（3）同書、六二ページ。

（4）垣内松三『国語の力』一九二二年五月八日、不老閣書房。
（5）同書、三一六ページ。
（6）望月久貴『かんがえことば（思考語）と国語教育論』一九五一年、刀江書院。
（7）同書、五二ページ。
（8）同書、五〇～五一ページ。
（9）同書、一四五～一四六ページ。
（10）大久保忠利『思考力を育てる話しコトバ教育』「まえがき」一ページ、一九五九年、春秋社。
（11）同書、二ページ。
（12）同書、一六ページ。
（13）なお、大久保忠利氏は、「思考⇅コトバ」について、『コトバの心理と技術』（一九五二年）、『コトバの魔術と思考』（一九五三年）、『コトバの生理と文法論』（一九五五年、いずれも、春秋社）、『コトバの機能と教育・国語教育』（一九六一年、明治図書）などで、一貫して追究してきている。大久保忠利氏は、この問題に戦後いちはやく『百万人の言語学』（一九四七年、真央社）で言及された。
（14）輿水実『現代の国語学力』一九六六年、明治図書。
（15）同書、九八～一〇九ページ。

V　国語教育の創造のために

一　国語教育の遺産の実相

【国語教育の遺産の整理】　近代国語教育における遺産を、どう評価し、継承していくかを考えるに際し、まずその国語教育遺産をどのように発掘し、整理していくかの問題がある。近代国語教育史に関して、在来問題史的展望、通史的概観は試みられてきたけれども、国語教育の各領域別に資料を確保し、その再検討を行ない、それを体系化して、叙述したり、そこから摂取すべきものを慎重に考慮していくといった仕事は、なおこれからのことに属する。

わが国の国語教育の実践と研究は、明治以降はなはだ活発であって、けっして弱小なものではない。けれども、それを部門別に、初等・中等・高等教育のそれぞれについて、制度・教材・課程（内容）・方法の整理・検証をしていく仕事は、なお十分ではないのである。

【国語教育の遺産の実相】　国語教育の制度面、教材面、方法面の客観的側面は、わりに把握しやすいのであるが、学習者の国語学習の内面にわけ入り、指導の体験そのものを、生きてはたらく関連と構造においてとらえるのは、至難のことである。国語教育の遺産も、そのとらえやすい、客観化しやすい方面からの摂取はともかく、そのとらえがたい、国語教育実践の内実そのものは、つまり個性・典型そのものは、容易にとらえることができない。

遺産の実相のとらえがたさは、国語教育の実践の、そういう一回かぎりの特性に存するといえよう。

国語教育の遺産の継承の困難さは、その実相のとらえがたさにあり、それは国語教育実践の内面の記録がきわめて乏しいことにも起因している。

二　国語教育の遺産の再評価

【遺産評価の視点の設定】　国語教育の遺産を評価していく視点は、どのように設定されるであろうか。国語科として、教科の構造が確立し、その内容が充実していくようになったそのいきさつを、各領野（聞くこと・話すこと・読むこと・書くこと）ごとに、また各資料（論文・報告・記録）ごとに、精密にとらえていくことが要請される。それは再評価のための基礎作業ともいうべきものである。

その基礎作業の上に、明治・大正・昭和各期における、国語教育がどのように独自の創造をなしとげてきたかを問うことになろう。一回かぎりの営為ではあっても、国語教育におけるその創造が、どういう発想、どういう思考に支えられているかをたずね、そこにどういう態度・理論・方法が存するかを見とどけられるのが望ましい。近代の国語教育の歩みの上に、こうした国語教育の創造的営為を発掘していく仕事は、狭義の国語教室の営為にかぎらず、もっと広い視野からつづけられなくてはならない。

【遺産からの摂取・創造】　近代の国語教育の歩みに、ややもすれば性急さと未熟さとが見られたのは否めない。枝葉末節にこだわり、自主性のない教室営為に傾いていた面も確かにある。近代国語教育の伝統に学び、そこから出発するよりも、何かを模倣して、焦燥のうちに走らなければならないようなめまぐるしさも確かにあった。どの時期も、中途半端で皮相な形骸化をのみ招くような傾向も顕著であった。

そこでは、遺産・継承・摂取といったことは、なお切実な課題とはならなかった。しかし、現場実践の中から創造されてくる、個性的な営為は、その一回性のゆえに、実態も資料も埋もれたり消えたりしがちであるが、そこに摂取すべき何かを蔵している。それをつぶさに掘り起こす仕事は、なおこれからのことに属する。

国語教育における思考力把握の視点として設定した、

1　目標として、目ざされるべき思考力（理解力・表現力・鑑賞力）、すなわち国語学力に内在する思考力
2　内容として、国語教材の形成に、また国語生活そのものにはたらいている思考力
3　方法として、学習・指導において、どのように駆使し、演練していくべきかの思考力

の三つにしぼって考えてみても、近代国語教育史において、それぞれに徹底した営為が見られなくはない。けれども1、2、3のいずれにも、真に徹底して、確信をもって営為し、国語教育の実質的水準を上げていく努力は、さらに今後に期待される。国語教育の遺産からの摂取も、そういう目標に向かって役だてられるのが望ましい。

著者　野　地　潤　家（のじ・じゅんや）

大正９（1920）年、愛媛県大洲市生まれ。
昭和20（1945）年、広島文理科大学文学科（国語学国文学専攻）卒業。
愛媛県立松山城北高女教諭、広島高等師範学校教授・広島大学助教授・教授（教育学部）・広島大学教育学部附属小学校長（併任）・同附属中高校長（併任）・同附属学校部長（併任）・同教育学部長・鳴門教育大学教授・同副学長・同学長を経る。
現在　広島大学名誉教授、鳴門教育大学名誉教授、教育学博士
専攻　国語教育学―国語教育原論・同各論・国語教育史・国語教育学史―
主著　『話しことばの教育』（昭27）、『教育話法の研究』（昭28）、『国語教育個体史研究』（３冊、昭29）、『国語教育』（昭31）、『国語教育学研究』（昭36）、『作文教育の探究』（昭47）、『国語教育原論』（昭48）、『幼児期の言語生活の実態Ⅱ』（昭48）、『読解指導論』（昭48）、『国語教育学史』（昭49）、『国語教育通史』（昭49）、『幼児期の言語生活の実態Ⅲ』（昭49）、『話しことば学習論』（昭49）、『作文指導論』（昭50）、『幼児期の言語生活の実態Ⅳ』（昭51）、『国語科授業論』（昭51）、「幼児期の言語生活の実態Ⅰ』（昭52）、『個性読みの探究』（昭53）、『わが心のうちなる歌碑』（昭55）、『話しことば教育史研究』（昭55）、『国語教育実習個体史』（昭56）、『国語教育の創造』（昭57）、『綴方教授の理論的基礎』（昭58）、「芦田恵之助研究』（３冊、昭58）、『国語教育の根源と課題』（昭59）、『国語教材の探究』（昭60）、「国語教育の探究』（昭60）、『大村はま国語教室の探究』（平５）、『古文指導の探究』（平８）、『国語科教育・授業の探究』（平８）、『教育話法入門』（平８）、『野地潤家著作選集』12冊、別冊１、平10）、『昭和前期中学校国語学習個体史―旧制大洲中学校（愛媛県）に学びて―』（平14）、『国語科授業の構築と考究』（平15）、『国語教育学研究―国語教育を求めて―』（平16）、『中等国語教育の展開―明治期・大正期・昭和期―』（平16）、『国語科授業原論』（平19）、『近代国語教育史研究』（平23）、『国語教育学史研究』（平23）、『国語教育研究への旅立ち』（平23）、『講演記録　国語科教育の創造を求めて』（平24）
編著　『作文・綴り方教育史資料（上・下）』（昭46）、『世界の作文教育』（昭49）、『国語教育史資料」第一巻理論・思潮・実践史（昭56）、『国語教育史資料』第６巻年表（昭56）

国語教育の遺産と創造

平成25年９月１日　発　行

著　者　野　地　潤　家
発行者　株式会社　溪水社
広島市中区小町1-4（〒730-0041）
電話（082）246－7909／FAX（082）246－7876
e-mail: info@keisui.co.jp
製　版　広島入力情報処理センター
印　刷　互恵印刷株式会社

ISBN978-4-86327-222-4 C3081